子ども支援の現在(いま)を学ぶ

子どもの暮らし・育ち・健康を見つめて

編集
仲本　美央
山下　幸子
稲垣美加子

みらい

執筆者一覧

編集

仲本　美央（なかもと　みお）	白梅学園大学子ども学部子ども学科	
山下　幸子（やました　さちこ）	淑徳大学総合福祉学部社会福祉学科	
稲垣美加子（いながき　みかこ）	淑徳大学総合福祉学部社会福祉学科	

執筆者

小林　秀樹（こばやし　ひでき）	淑徳大学総合福祉学部教育福祉学科	第1章
岩井　阿礼（いわい　あれい）	淑徳大学総合福祉学部実践心理学科	第2章
青柳　涼子（あおやぎ　りょうこ）	淑徳大学コミュニティ政策学部コミュニティ政策学科	第3章
仲本　美央（なかもと　みお）	淑徳大学総合福祉学部教育福祉学科	序章・第4章
瀧　　直也（たき　なおや）	淑徳大学コミュニティ政策学部コミュニティ政策学科	第5章
山西　哲也（やまにし　てつや）	淑徳大学総合福祉学部教育福祉学科	第6章
中坪太久郎（なかつぼ　たくろう）	淑徳大学総合福祉学部実践心理学科	第7章
池畑美恵子（いけはた　みえこ）	淑徳大学総合福祉学部教育福祉学科	第8章
山下　幸子（やました　さちこ）	淑徳大学総合福祉学部社会福祉学科	序章・第9章
牧野　美幸（まきの　みゆき）	淑徳大学総合福祉学部教育福祉学科	第10章
稲垣美加子（いながき　みかこ）	淑徳大学総合福祉学部社会福祉学科	終章

本書は「平成24年度淑徳大学学術研究助成費」により出版された。

刊行によせて

　本書は、子どもを含めた対人援助・教育を専門とする職をめざす学生に向けて、幅広く子どもを取り巻く環境を知り、子どもの支援について考えを深めてもらうための入門書として書かれたものです。本書の企画にあたり、本学における教育、福祉、哲学、看護、心理、社会など多分野の学問領域の研究者が集まりました。そして、本書を構想するなかで、大学教育の問題点として生活経験が少なく、社会への視野が狭いことが危惧される若者たちに対し、福祉と教育の分野の学問を学ぶ人のための導入教育が必要であるという課題が浮かび上がってまいりました。

　そのために、まずは「われわれが、それぞれの研究分野の視点から、子どもが主体的に生きるためにはどのような暮らし・育ち・健康が必要とされているのか、その基本的なことを子ども支援の視座で見つめることからはじめよう」、そのうえで、学生とともにこのような視座を共有できる書となるように、試行錯誤を重ねながら本書を書き上げました。これは、本学の「共生」という大学教育への理念にも通じるところです。

　その結果、すべての章が完成してみると、どのような専門領域の支援者であったとしても、対象である子どもを支援していくためには、子どもの現在（いま）を多面的に捉えながら総合的にアプローチしていくことの必要性があるという共通の視点が生み出されていました。この支援者の「多面的に捉える力」をはぐくむためには、やはり、その基本として対象になる人や出来事、物事を「見つめる視点」が必要です。

　本書が対人援助・教育の専門職をめざす人たちにとって、まず、最初にこの「見つめる視点」をはぐくむために助けとなる1冊になれば幸いです。そして執筆者一同、対人援助・教育の専門職をめざす若い方々、その養成指導にあたる人たちの手にわたり、ご活用してくださることを心から願っております。

最後に、本書は平成24年度淑徳大学学術研究助成費をいただくことによって刊行の運びとなりました。本書執筆の機会を与えてくださった淑徳大学に心よりお礼を申し上げます。そして、最後に、本書の刊行へ向けて、作業の歩調がそろわぬ執筆者に対して、忍耐と励ましをもって実質的なご支援をくださった株式会社みらいの荻原太志氏に、深く感謝申し上げます。本書が世に出ることができましたのは、淑徳大学ならびに氏のおかげでございます。

　2013年2月

編者一同

もくじ

刊行によせて

序　章　本書の目的と構成について
1　本書に通底する問題意識と目的……………………………………11
2　本書の構成と概要……………………………………………………13

第1章　子どもと大人の関わりについて
1　「子ども」という存在が経験している世界 …………………………18
　（1）子どもという存在について　18
　（2）子どもの世界経験の諸相　19
2　子どもがもつ信念……………………………………………………23
3　子どもの問いと大人の応答…………………………………………24
　（1）子どもの問いと「大人になる」こと　24
　（2）サンタクロースは存在するか－サンタと「子ども」の生きる場所－　28
4　結語にかえて─子どもへの関わりを再考するために─…………31

第2章　子どもを取り巻くコミュニティの変容
1　心理的発達の基礎理論（乳幼児期から青年期）……………………36
　（1）乳児期　36
　（2）幼児期前期　37
　（3）遊戯期　37
　（4）学童期　38

（5）青年期　38

　　（6）青年期以降の心理的発達と子ども時代の重要性　39

　2　「私」の多元化・流動化………………………………………………40

　　（1）青年期のアイデンティティ形成の困難　40

　　（2）キャラ化する子どもたち　41

　3　現代社会の特徴………………………………………………………42

　　（1）経済の停滞と科学技術への疑念 –「大きな物語」の凋落 –　42

　　（2）多価値化社会　44

　　（3）雇用の不安定化　45

　　（4）情報化　46

　4　多元的・流動的な自我の脆弱性とそれへの処方箋…………………48

第3章　「母子健康手帳」制度の変遷と日本の親子

　1　医療化される出産と「妊産婦手帳」…………………………………54

　　（1）出産場所の変化　54

　　（2）「妊産婦手帳」誕生の時代背景　55

　　（3）「妊産婦手帳」の形式とその役割　58

　2　「妊産婦手帳」から「母子手帳」へ…………………………………59

　　（1）「母子手帳」誕生の時代背景　59

　　（2）「母子手帳」の形式とその役割　60

　3　「母子手帳」から「母子健康手帳」へ………………………………62

　　（1）「母子健康手帳」誕生の時代背景　62

　　（2）「母子健康手帳」の形式とその役割　63

　　（3）「母子健康手帳」副読本の配付　64

　4　これからの「母子健康手帳」─子どもの主体的な育ちのために─……67

　　（1）家庭における子育てと子どもの「主体性」　67

　　（2）これからの「母子健康手帳」　69

第7章　治療的関わりとしてのプレイセラピー

1　子どもを対象とした支援の必要性 …………………………………134
2　プレイセラピーとは …………………………………………………136
　（1）プレイセラピーの対象　136
　（2）プレイセラピーの定義　137
3　プレイセラピーの歴史 ………………………………………………139
4　遊びの治療的意味 ……………………………………………………140
5　プレイセラピーにおけるさまざまなアプローチ …………………143
　（1）精神分析的プレイセラピー　143
　（2）子ども中心プレイセラピー　144
　（3）認知行動プレイセラピー　145
6　親面接の役割 …………………………………………………………146
7　おわりに ………………………………………………………………148

第8章　障害のある子どもの育ちと支援

1　障害のある子どもの育ちを捉える3つの視点
　　―認知と自己像、情緒の枠組みから― ……………………………152
　　発達の遅れ、つまずきが意味すること　152
2　認知の発達を捉える視点 ……………………………………………154
　（1）Ⅰ層　体性感覚や触-運動感覚を通して気づく世界　154
　（2）Ⅱ層　視覚や聴覚、手の操作や運動行為を通してわかる世界　156
　（3）Ⅲ層　頭の中で思い浮かべたり、イメージや言葉を通してわかる世界　157
　（4）Ⅳ層　物事の本質を理解し、内言語や対話を通して意味づけ、判断、
　　　思考する世界　158
　（5）障害のある子どもの認知の発達を支援する視点　160
3　自己像の発達を捉える視点 …………………………………………160
4　情緒の発達を捉える視点 ……………………………………………163
　（1）情緒の安定を図る支援の課題　163

（2）感覚の過敏性と情緒不安　164
　5　子どもと関係を結ぶ"場"と"方法"——教材・教具を介した
　　　関わり——……………………………………………………………165

第9章　「あたりまえの暮らし」をめざして
　　　　　——人工呼吸器をつけた子どもたちとその家族の軌跡から——
　1　権利に関する2つの国際条約 ……………………………………170
　2　人工呼吸器をつけて暮らすということ …………………………172
　　（1）平本歩さんのこと　172
　　（2）病院から自宅へ－人工呼吸器は生活に必要な「補装具」という認識－　173
　　（3）保育所での経験－子どもたち同士のふれあいの中で－　176
　　（4）学校における医療的ケアという課題　177
　　（5）誰が医療的ケアを担えるのか　178
　3　学校時代を振り返って——かつての子どもたちの思い—— ……179
　　（1）平本歩さんの現在　179
　　（2）佐藤有未恵さん、折田涼さんの経験と思い　181
　4　医療的ケアが必要な子どもたちの暮らしのために ……………183
　　（1）子どもたちを取り巻く状況の変化　183
　　（2）子どもたちの生活と育ちのための課題　185
　5　「権利」の実現に向けて……………………………………………187

第10章　ライフステージと看護
　　　　　——学童期の子どもの「清潔の保持」について——
　1　ライフステージにおける学童期 …………………………………192
　　（1）形態・機能的側面の発達　192
　　（2）心理・社会的側面の発達　193
　2　身体の清潔を保つことと清潔感について ………………………195
　　（1）生理的・身体的・社会的意義　195

（2）日本人の清潔感覚　197
　3　清潔を保持するための方法選択の視点 …………………………………198
　　　（1）清潔にすべき身体の部位と不潔な状態との観察点　198
　　　（2）年齢による皮膚の状態　199
　4　皮膚症状の種類や状態 ……………………………………………………201
　5　清潔にするための方法と特徴 ……………………………………………202
　　　（1）清潔にするための方法　202
　　　（2）全身を清潔にする－入浴の援助　203
　6　おわりに ……………………………………………………………………206

終章　本書の結びにかえて
　1　子どもたちの暮らしの背景 ………………………………………………209
　2　今、考えるべき子どもたちのウェルビーイングとは …………………212
　3　子どもたちを主体にした社会を築く大人の責任 ………………………213
　4　さまざまな専門領域のネットワークの構築が求められる
　　　子ども支援 ………………………………………………………………216
　5　結びにかえて ………………………………………………………………218

　　本書をテキストとしてより有効に活用するために、各章ごとの学習課題やワークショップなどプログラムを公開しています。弊社ホームページから無料でダウンロードできますので、ぜひ、ご利用ください。

　　　　みらいホームページ：http://www.mirai-inc.jp/
　　　　　　→　書籍サポート

序章

本書の目的と構成について

1．本書に通底する問題意識と目的

　現代社会において、子どもが育つ環境にはいかなる課題があり、その解決に向けてどのような道筋が求められるのか。こうした問いは、時々刻々変化する時代にあっては、子どもをめぐる研究者が常に意識しつづけるべき課題であり、子どもをめぐる多くの課題は、それを考究せざるを得ない状況を示しつづけているといえる。

　たとえば、子育てに関する施策の状況をみれば、少子高齢社会の進展にともない子どもの出生率が減少するものの、社会での子育て施策は具体性に欠け、何より子どもやその子どもをはぐくむ家族の側に立った視点が乏しい現状である。子ども自身の人権の尊重や育ちの保障、これに関連する小児保健・医療、保育及び親への子育て支援、児童虐待等に代表される児童福祉、教育、障害等の何らかのニーズを抱える子どもへの支援など、さまざまな局面において解決すべき課題がある。また、子どもの育ちにおいても、教育のあり方や子どもの主体的な経験のはぐくみは極めて重要であり、乳幼児期から児童期までの子どもが人や場との関係を築くことの困難や、その機会の不足を招く環境をどのように考えればよいのか。このように考えると、今、子どもの育つ環境において抱える問題は数多く存在しているといえる。

　こうした課題に、子ども支援のさまざまな「現場」はどのように対応しているのか。また、支援の現場からはいかなる課題が生まれているのか。このような問いから子ども支援の現場を捉えてみていくと、施策上の課題と向き合うと

ともに、個々の子どもの課題に応じた支援の方法を探求し、実践に移している。また、子どもの生活の安寧(あんねい)を保障し、子どもの経験を広げることを実現するような社会が重要であることを認識しながら、それに向けて取り組む現場が存在している。

子どもの支援を考えるにあたっては、子どもの育ちを取り巻く「現場」の動向から、現代社会を生きる子どもをいかなる存在と捉え、その人権を保障するのかといった価値に関する事柄まで、さまざまな幅で議論する必要がある。同時に、制度や支援がひとり歩きするのではなく、そこには子どもの主体性を尊重するという視点が不可欠である。「児童の権利に関する条約」にも明らかなように、子どもにはその成長発達のために家族や社会から適切に保護される権利とともに、子ども自身が自らの個性を発揮する能動的権利を有しているとする子ども観を軸にした議論の展開が必要なのである。

淑徳大学の総合福祉学部では、これまで教職や保育士、社会福祉士、精神保健福祉士等を養成する大学として、その専門職教育に取り組んできた。このような中、近年、社会的視野の狭さ、もしくは社会的経験の少なさが目立つ新入生が多くなりつつある。これは、本学に限らず、多くの大学における学生の傾向であり、いかに大学生活において社会的視野を広め、経験を積み重ねさせるのかが大きな課題である。

このような現代の学生が、子どもを含めた対人援助・教育を専門とする職をめざす上で、まずは、幅広い子どもを取り巻く教育・福祉の現状を知り、子どもの支援について考えを深める機会が必要であるのではないかという共通課題に至った。

そこで、上述した子どもの支援に関する視点に立脚し、本学における保育、教育、福祉、哲学、看護、心理、社会など多分野の学問領域の研究者が集まり、子ども支援の現在を考えるための本書を企画した。それぞれの専門領域における子どものおかれている社会的現状等について基礎的な内容を概説し、子ども家庭のくらし・育ち・健康に対する具体的ケア・支援の方法と内容について、それぞれの立場から考察している。論じるにあたっては、さらに、それぞれの専門領域の立場から子どもの主体性を尊重する視点をもち、子どもの最善の利

益に資するための考察及び提言をしていくことに努めている。

2．本書の構成と概要

　以下では、編者として全体を通読した上で、各章の概要をまとめた。なお、本書では、各章冒頭に各執筆者による「章のねらい」が示されているので、そちらも参考にしていただきたい。先にも述べたように各執筆者の学問的背景はさまざまだが、各章は「子ども支援」を中心にゆるやかにつながっている。

　第1章は、子どもと大人との関わり・応答をめぐる哲学的論考である。本章では「子ども」なるものは自明な存在ではないということを確認しつつ、しかし、子どもと大人の違いを、経験する事柄への信念のあり方に見出している。それゆえ、子どもはときに、大人なら確かに不思議に思うのだが問わずに済ませている、この世界のあらゆる事象についての根源的な問いを投げかける。事象に驚き、素直に問いとして周囲に投げかける子どもと、そういう姿勢をとることを、あえて、いや自覚的だけでなく多くは無自覚に済ませてしまう大人。「子ども」について論じる本章だが、あらためて「大人」とは何者かを考究する契機がある。

　第2章では、子ども、特に青年期のアイデンティティ形成を主題としている。アイデンティティ形成はエリクソンのいう発達の一段階ではあるが、それは「自然」に形成されるものではなく、周囲の人間関係や社会構造の変化に強く影響を受けるものである。本章では、ポストモダン以降の「現代」をめぐる諸相を描きつつ、その多様さ、それゆえの不安定さや拠り所のなさが感じられる社会において、子どもたちはいかなるアイデンティティを形成してゆくのかを論じている。

　子ども支援の出発点は、出生時の親子・家族支援にさかのぼるだろう。第3章のベースにある家族社会学の知見が示すように、出産・育児は個に閉じたものとのみ捉えるのではなく、社会における意識や状況によって制度化されたものであるとも捉える視点が求められる。では、いかに制度化されてきたのか。

本章では、母子健康手帳を素材にたどることを通して、学ぶことができる。加えて、1980年代以降、子育てが親主体から子ども主体に移っていることを指摘している。しかし、「ただ子どもの要求をきくのみ」という行為が、子どもの主体を養うことにつながるのか、という問いを提起している。

第4章では、保育において子どもの主体的な気持ちや行動をさらに促し、理解することが重要であると指摘するとともに、そうした実践が行えているかと保育者が自らに問いかける姿勢の重要性を指摘している。保育現場における具体的な内容を素材に論じており、その実践の豊かさも印象深い。本章から学べるのは、子どもの主体的な行動の促しやその理解は、保育者の教科書的な技術のみに裏打ちされているのではなく、子どもへの信頼や「心のキャッチャー」になることといった、子どもと保育者との関係性があっての技術だということである。子どもが「主体」として、また関わる大人も「主体」として、相互に強く関係を結ぶ点が言及されている。

近年、教科書に基づく教科教育にとどまらず、さまざまな場面での体験活動の重要性が指摘されている。第5章の主題である自然体験活動も、そのうちに含まれる。本章を通してわかるのは、こうした体験活動が子どもたちに与える影響の大きさである。しかし、現代社会を生きる子どもの様子をみれば、ライフスタイルの変化や遊び・娯楽の変化から、自然に触れる経験や友人との屋外活動の経験は少なくなっている。こうした状況に対し、自然体験の機会と楽しさをどのように子どもたちに伝え、それを子どもたちの「力」へと育てていくことができるか。第5章の筆者が述べるように、自然体験は、子どもたちの「生きる力」へとつながりうるものなのである。

第6章は、健康に関する論考である。「体育」といえば、即、身体機能向上のための運動やスポーツ競技をイメージする読者も多いだろう。しかし、「健康教育」という、より上位の視点から考えれば、上記イメージの体育教育のみならず、社会性、道徳性、情意面の育成をめざすものだとわかる。心身両面の健康をめざして行われる体育教育、そこには多様な意義が含まれる。第5章にも通じることだが、本書のテーマである子どもの主体性の涵養を考える上で、子どもとその周囲の人との関係構築は重要である。本章にもあるように、さま

ざまな個性をもつ人々と「共同」して行う体育教育は、学齢期の子どもたちの将来にも資するものである。

　第7章では臨床心理学の知見から、子どもを対象とした支援の一つであるプレイセラピーについて、対象、理論、方法等の概説を行うものである。「遊び」は多くの子どもの成長過程に欠かせないものだが、だからといって実施はまったくたやすくない。「治療」として有効に子どもに働きかけるためには、そのために必要な知識や基本となる態度の涵養が求められる。特に本章で取り上げられるアクスラインによるプレイセラピーの8つの原則は、心理学領域のみならず子ども中心の支援を考え実践する上で、有益な示唆を与えるものである。

　第8章では同じく心理学の知見から、障害のある子どもたちの育ちへの支援を論じる。「発達障害」という言葉は近年注目され、教育や支援の実践が積み上げられているところである。ただし、「障害」と一口にいっても、程度や内容、またその人の環境を総じて考えれば、極めて個別性が高いことがわかる。本章は、障害児への発達支援実践をもとに論じられている。本章を通して私たちは、認知・自己像・情緒等の基本的理解を得ることができるのだが、あえて「障害」に特化しない構成で論じる方法を筆者は採っている。その背景には、特に支援の場において、障害がどのように論じられ捉えられているかについての筆者の問題意識がある。

　では、障害は社会の中でどのように捉えられるのだろう。第9章は、障害のある子どもへの福祉・教育・医療についての論考である。第9章でも紹介されているように、現在、2006年に国連で成立した障害者権利条約により、「インクルーシブ」な教育及び社会をめざす方向性へと政策が進もうとしている。しかし、障害の程度が重い場合、特に医療的ケアを要する子どもの場合、健常児とは分けることが「やむをえない」「それが本人にとって安全」だと周囲の大人から判断されることが多い。本章では、医療的ケアを要する重度障害者が、健常児・者と同様に学校で学び、地域で暮らす様子を手記等から紹介する。そこから、障害のある人々にとっての「あたりまえ」の暮らしのために何が必要かを考えることとなる。

　第10章は看護学の知見から、「清潔」を論じる。「清潔であること」は重要だ

とみなされる。それは生理学的な理由のみならず、心理的・社会的にも他者から強く求められ、またそれゆえ本人自身も主体的にそれに従うよう意識づけられるためである。「子ども」は生まれたばかりの乳児から幼児期、学童期、青年期まで、その年齢及び成長段階は幅広い。当然、成長の段階に応じた身体機能の変化があり、教育や支援においては、本章の主題である「ライフステージ」に応じた理解が不可欠となる。

　さて、第10章でもみたように、子どもの支援を考える際、成長段階を各々断ち切って考えるべきではない。子どもの育ちにおける連続性を意識すること。そしてその際に、支援者は各専門領域に身を置きつつも、身体面・心理面・社会面といったさまざまな側面を総合的にみる視座をもたねばならないことがわかる。子どもの本人の育ちを中心に、その周囲にある保育・教育・心理・福祉・医療について考える。人間の暮らしが多様な制度や組織、人との関係において成り立っていることを考えれば、子ども支援を学際的に考究することは非常に重要である。これから子ども支援について学ぼうとする学生においては、子どもを中心に、その周囲まで広く見据えたとき、考えるべき問いが多く存在していることを本書から読みとっていただけるなら、編者にとって大きな喜びである。また、保育者、教師、看護師、児童福祉施設の関係の職員、心理職など実践活動を行っている方々にとっても、お役に立てることを心より願っている。

第1章

子どもと大人の関わりについて

● 本章のねらい ●

　本章では、子どもと大人の関わりを通して、子どもの問いにどう大人が応答しているのかをみることで、結果として大人はどのような世界を子どもたちに示しているのかを考察しようとするものである。たとえば、子どもによる「どうして花は咲くの？」「サンタクロースは本当にいるの？」といった問いに大人はどのように応答しているだろうか。その問いと応答について考察することを通じ、私たちのこれまでの子どもへの向き合い方を自覚し、これからの子どもとの関わりについて考察する機会と視点を提示できればと考える。

　まず、「子ども」とはどのような存在であるかに迫るために、日常的な「子ども」への眼差しを相対化しつつ、彼らがどのような経験を生きているのかについて考察する。その上で、子どもがもつ信念のあり方に子どもと大人の相違をみる見方について確認し、子どもが哲学的な問いを発するという点で、大人とは異なるあり方をしていることについて分析する。そして、子どもの問いに対する大人の応じ方について考察し、子どもに対する大人の関わりのあり方について、現代の時代状況を見据えつつ迫ることとする。

1.「子ども」という存在が経験している世界

(1) 子どもという存在について

　子ども[*1]とは、どのような存在だろうか。「子どもであること」に迫ろうとする試みには、さまざまなアプローチが可能である。しかし、かつて誰もが子どもであったにもかかわらず、そもそも私たちはなぜ改めて子どもについて問わなければならないのだろうか。

　私たちは彼らといると、その愛くるしさに魅了され、とらわれのない発想に驚き、素朴さ純粋さに心を打たれる。あるいは、ときに彼らのこだわりや聞き分けのなさ、爆発するエネルギーにいら立ち、呆れ、うんざりし、そして途方にくれてしまう。私たちが子どもについて何度となく問うのは、こうした際の驚きから「なぜそうなの？」と思わず問わざるをえないからではないだろうか。大人の常識を軽やかに超え出ていく子どもに出会うたび、私たちは何度となくこの驚嘆すべき存在について問い返しを迫られ、関係のあり方について考えさせられるのである。

　こうした子どもが子どもである所以(ゆえん)とは何だろう。子どもが大人でない存在、すなわち「非大人」であるとすれば、大人とは何かがわかれば、子どもとは何かについてもわかるだろうか。しかし、子どもはかなり早期から「小さい大人」として扱われたり[*2]、「神」とみなされたり[*3]もしてきた。

　子どもが「小さい大人」と考えられていたのだとすると、今私たちが彼らを

[*1] 本論で「子ども」とは、後述する「哲学的な感性」をもって問いを発する時期の子どもを念頭に論述を進めていくこととする。児童福祉法第4条によれば、「児童とは、満18歳に満たない者」とされ、「満1歳に満たない者」を「乳児」、「満1歳から、小学校就学の始期に達するまでの者」を「幼児」、「小学校就学の始期から、満18歳に達するまでの者」を「少年」と定めているが、本論で扱う「子ども」とは、およそ「幼児」から小学校中学年くらいまでの「少年」の時期を想定している。

[*2] フィリップ・アリエス『＜子ども＞の誕生　アンシァン・レジーム期の子どもと家族生活』（みすず書房　1980年）を参照のこと。

子どもとみなすような眼差しは、その当時にはなかったということになる。また、子どもが「神」とみなされていたということになれば、その当時の子どもはおよそ同じ世界の住人としてはみなされていなかったことになる。

このように、「子どもとは何か」について考えていくと、そもそもその対象を「子ども」としてみる眼差し自体が、時代や文化に応じたものであることがわかってくる。そして私たちの眼差しが、必ずしも絶対的なものでないこともわかってくる。私たちは、人間の「子ども」なるものがいることを当然のこととして前提にしているが、その「子どもがいる」という素朴な前提をいったん置くならば、彼らは私たちの目にどのようにみえてくるだろうか。

そこで次項以降は、一般の子どもとは異なる境遇を生きることとなったヘレン・ケラーの事例を手がかりとすることで、日常的な「子ども」への眼差しを相対化しながら、彼らが経験する世界の諸相をみていくこととしたい。

（2） 子どもの世界経験の諸相

周知のように、ヘレン・アダムズ・ケラー（Helen Adams Keller）は盲・聾・唖という3つの障害にもかかわらず、そのハンディキャップを乗り越えて活躍した「奇跡の人」として知られている[*4]。ヘレンは1880年6月27日にアメリカのアラバマ州の北にあるタスカンビアという小さな町に生まれ、1歳7か月の

[*3] 子どもの出生が多産多死であった時代の日本において、子どもは「七歳までは神のうち」と考えられてきた。「七歳までは神のうち」とは、子どもは霊界から人間界にやってくるのであり、7歳になって人間界の子となるという考えから、7歳までは神仏の加護のもとで成長が期待されるという「全国的に共通した考え方」である。たとえば、茨城県稲敷郡桜川村にある大杉神社には、「取子」という風習があったという。子どもは産まれてから7歳までは虚弱なため、「神の子」として神と親子関係を結ぶ。そうして親子関係を結ぶことによって、子どもは病気などから守られ、健やかに育つと考えられていた。子どもは7歳になると「ムラの子」として生活をし、ムラ社会の一員として種々の行事にも参加するようになった（引用文献：『企画展図録 七歳までは神のうち』（八千代市歴史民俗資料館 1997年）。

[*4] 日本で「奇跡の人」として知られているヘレン・ケラーであるが、この呼称は、W. ギブソン脚色の同名テレビドラマを舞台用に改訂し、ブロードウェイで1959年に上演され、好評を博した作品に由来する。この作品は1962年に映画化、1979年にリメイクされるが、原題はThe Miracle Workerであり、本来「奇跡の人」とはアン・サリバンのことを指した。

ときに熱病のため視力と聴力を失った。そして1887年3月3日、およそ6歳9か月のときに教師としてやってきたアン・マンスフィールド・サリバンに出会う。その後、サリバンによりヘレンは教育されていくわけだが、以下に紹介するのは、ヘレンがサリバンによって新しい人生の扉を開かれる、あまりに有名な場面である。

❖❖❖❖❖❖❖❖

　誰かが井戸水を汲んでいた。先生は、私の片手をとり水の噴出口の下に置いた。冷たい水がほとばしり、手に流れ落ちる。その間に、先生は私のもう片方の手に、最初はゆっくりと、それから素早くw-a-t-e-rと綴りを書いた。私はじっと立ちつくし、その指の動きに全神経を傾けていた。すると突然、まるで忘れていたことをぼんやりと思い出したかのような感覚に襲われた――感激に打ち震えながら、頭の中が徐々にはっきりしていく。ことばの神秘の扉が開かれたのである。この時はじめて、w-a-t-e-rが、私の手の上に流れ落ちる、このすてきな冷たいもののことだとわかったのだ。この「生きていることば」のおかげで、私の魂は目覚め、光と希望と喜びを手にし、とうとう牢獄から解放されたのだ！[1]

❖❖❖❖❖❖❖❖

　ここで、ヘレンが経験していることを詳しくみてみよう。
　ヘレンは、まず手を流れ落ちていく水を経験し、またもう片方の手にサリバンの指の動きを経験している。そしてこのとき、ヘレンは「手の上に流れ落ちるすてきな冷たいもの」がサリバンの指の動き（w-a-t-e-r）の指し示す対象であるということをはじめて経験するのである。この2つの経験に私たちは注目し、前者を感性的経験、後者を言語的経験と呼んで区別しておくこととする。
　さて、おそらくサリバンは、以前にもヘレンに「水」を理解させようとして、ヘレンの手にw-a-t-e-rと綴ったことはあっただろう[*5]。しかし、以前のヘレンには、それが不可解な皮膚への刺激か何かの遊びにしか思われなかったろう。それらはただちに続く別の刺激による別の経験に次々と入れ替わり、そして流れ去っていく。言葉を獲得する以前のヘレンは、「流れ落ちるすてきな冷たい

もの」や「不可解な皮膚への刺激」などに、次々に関心がとらわれ流れ去ってゆくような世界を生きていたのではないだろうか。

　ところが言語的経験、すなわち、言葉の獲得は、多様に流れ去っていく感性的経験の中で対象をとどめ、また、その言葉の向こうに同一の対象に向かう別の関心があることを知らせたのである。すなわち、w-a-t-e-r という皮膚への刺激は、今自分が関心を抱いているこの対象、すなわち、「手の上に流れ落ちるすてきな冷たいもの」を指し示すものであること、また同時に、同じくその対象に関心を払っている何者かが存在することを告げ知らせたのである。ヘレンは、w-a-t-e-r という指文字綴りを介して「手の上に流れ落ちるすてきな冷たいもの」への関心をはじめて他者と共有したのだった。こうしてこれまで感性的経験のうちにとどまることなく流れ去っていた対象は、言葉の獲得によって感性的経験を離れても言葉にとどまり、他者との間に存在するものとなったのである。

　「生きていることば」を知ったヘレンは、次のように述べている。

〰〰〰〰〰〰〰〰〰〰

　井戸を離れた私は、学びたくてたまらなかった。すべてのものには名前があった。そして名前をひとつ知るたびに、新たな考えが浮かんでくる。家へ戻る途中、手で触れたものすべてが、いのちをもって震えているように思えた[2]。

〰〰〰〰〰〰〰〰〰〰

　家に入ったヘレンは、癇癪のため床に叩きつけてバラバラにしてしまった人形のことを思い出す。そしてもう元に戻らないことを知ると涙を流し、「生ま

＊5　自伝によれば、ヘレンは生後6か月以後には water という言葉をすでに覚えていたという。熱病のために口が利けなくなってからも、「ウォーター」のつもりで「ウォーウォー」と言い続け、指文字で綴れるようになってやっと、「ウォーウォー」というのをやめたということである。また、サリバンの手紙によれば、ヘレンはこのエピソード以前にも、いくつもモノの名前を綴ることができたし、また、不十分ながらも自分の簡単な意思を身振りで示すことができていた。そのため、ヘレンが「ウォーター」のつもりで「ウォーウォー」と声を発し、その結果、水を指し示すことはこれ以前にもできていたかもしれない。しかし、それはヘレン自身がいうように、「生きたことば」ではなかったし、「すべてのものに名前があった」という認識に通じる経験ではなかっただろう。

れてはじめて後悔と悲しみを覚え」るのである。ヘレン自身がいうように、「愛情とは、愛にあふれることばや行為に接し、人と心が結ばれてはじめて芽生えるもの」[3]であり、言葉を知ることでヘレンは人間性を取り戻すのである。

　さて、子どもの経験する世界を考える上で、ヘレンの事例はあくまでも特異な例だろうか。確かにヘレンの場合、その障害ゆえに劇的な形で言語的経験の世界が開かれることになった。ヘレンが経験したような劇的な瞬間は、通常の子どもたちが成長する中で自覚されることはないだろう。一般に感性的経験の世界と言語的経験の世界はほぼ並行して経験されていく世界であり、言語的世界のみが遅れて新たに開かれるということはない。経験する世界のこうした2つの側面を私たちがあまり意識することがないのは、出生の瞬間から（あるいは生まれる以前から）言語に取り巻かれ、漸進的に意思の疎通が図られたからに他ならない。しかし、ヘレンのケースは、言語的コミュニケーションの獲得が遅れたがゆえに、かえって世界経験に含まれる2つの側面を私たちに鮮やかに示してくれるのである。

　さて、ここまで「子ども」はどのような世界を生きているのかをみてきた。ヘレン・ケラーのエピソードを通じて分析されたのは、2種類の経験であった。しかしよく考えてみれば、私たち大人の経験にも、先ほど確認した感性的経験と言語的経験とは含まれている。私たち大人も新しい経験をするとき、感覚器官を通じて外界を把握し、また、新たに獲得した言語を用いて対象を共有しつつ、他者とのコミュニケーションを図っている。

　もしそうであるならば、子どもと大人の間にはどのような相違があるのだろうか。一つの相違は、たとえば身体図式の形成や文法の習得におけるように、子どもにとって諸々の経験が、自らを認識や行為の主体として確立していく上で基盤的な役割を果たすというところに求められるだろう。成熟した大人に比べ発達段階にある子どもにとっては、種々の経験がはるかに大きな重要性をもつという点は大きな相違である。

　しかし、もう一つの相違は、そうして経験される対象に関する信念のあり方が子どもと大人とでは異なるという点である。次節では、子どもと大人の信念のあり方に注目をしてみたい。

2．子どもがもつ信念

「子どもと大人の違いとは何か」という質問に対し、「サンタクロースの存在を信じているかどうか」と答えることがある。子どもは親や周囲の人から聞かされた通りに、素朴にサンタクロースの存在を信じているのが一般的であろう。その信念は、クリスマスの朝、枕元にプレゼントがあることによって確かめられている。しかし、いつしか子どもたちは、実際にはサンタクロースが虚構の存在であり、本当は親などが普段の生活の中で欲しいプレゼントを聞いていて、イブの晩にそれを枕元においてくれていたのだと知るようになる。

どのようにして子どもがサンタクロースという存在を信じなくなっていくのか、今は問わない。ここで問題としなければならないのは、単に「サンタクロースが存在しているかどうか」ということではなく、「世界に何ものかが存在している」ということを信じるときの信念のあり方のほうである。それを詳しくみていくことにしよう。

子どもが親や周囲の人間から聞いた通りにサンタクロースが存在すると信じるこうした信憑を、菅野は「サンタ型信念」と呼んで次のように分析する。

「サンタ型の信念において、子どもはサンタクロースが存在する、という信憑を『疑問の余地なく端的に』生きているのである。換言すれば、サンタ型信念とは、真偽を離れ端的に事実をリアルなものとして生きる表象である」[4]。

ここでいう「事実」とは、大人が子どもに語った内容のことを示している。子どもはサンタクロースを直接知覚し、経験することがなくても、大人が語ったということを根拠に、その内容をそのまま現実世界の一部とみなし、「とりこむ」のである。すなわち、子どもにとってサンタクロースは、大人によって語られた通りに端的に存在するのである。

その一方、菅野によれば大人がもつ信念はそうではない。朝の天気予報で雨になることを知り、傘をもって出ようと決めるとき、私たちはこの予報が外れる可能性を知りつつも当たることの可能性を信じて傘をもつのである。このとき大人の信念は、疑いを差し挟む余地をもっているという点で子どものサンタ

型信念とは異なる。このとき実際に疑うか否かは問題ではない。重要なのは、大人がもつ信念は「疑う」という可能性に常に開かれているということである。すなわちそれは、「雨が降る」という予報を聞いても、それ以外の可能性に思いを至す余地や可能性を備えているという点で、子どものもつ信念とは根本的に異なっているのである。すでにみたように、彼らは感性的経験や言語的経験を通じて世界と出会い、疑いを差し挟むこともないままその世界を信憑し、その世界を生きているのである。

しかし、そうした中で、彼らはいつしか世界が今あるようにあることに驚きと疑問を覚えるようになる。そして、「なぜそうあるのか」「なぜ別のようにではないのか」といった問いを大人たちに投げかけるようになるのである。

次節では、子どもからの問いかけに注目し、その問いかけに大人はどのように応答しているのか、またそれによって子どもはどのような経験をしているのかを確認していくこととしたい。

3. 子どもの問いと大人の応答

(1) 子どもの問いと「大人になる」こと

子どもはさまざまに問いを発するが、ここで問題にしたいのは、世界が今あるようにあることの理由や意味に関する問いである。こうした子どもの問いについては、すでにさまざまな識者が注目し論じている。そうした中に登場する問いのいくつかを例示しておこう。

- ・太陽はどうして赤いの？
- ・「死ぬ」ってどういうこと？[5]
- ・全部が全部夢だってわけじゃないってことが、どうしてぼくたちにはわかるの？[6]
- ・神様って本当にいるの？[7]

- トマトはどうやってつくったの？
- 神様が人間をつくったの？[8]
- どうして学校に行かなければいけないの？
- どうして悪いことをしてはいけないの？[9]

　ピエーロ・フェルッチ（Piero Ferrucci）はこうした子どもの問いについて、「きわめて重要な哲学的あるいは科学的問題が含まれていることが少なくない」[10]という。実際、上にあげた問いには、自然に関する問題、宗教に関わる問題、さらには哲学や倫理に関する問題などが含まれている。哲学者の中には子どものこうした問いに注目し、子どもの時分にこのような問いが発せられることの意義や、これらの問いを足がかりとした哲学教育の可能性や必要性について探究を深めているものも多い。彼らによれば、「子どもは小さな哲学者」なのであり、子どもが立てるこうした問いが大人の硬直化したものの見方を反省する機会を提供するという意味で意義深いものと考えられる。
　しかし一般の大人たちにとって、こうした子どもによる哲学的な問いは、もっぱら困惑を呼ぶだけのものかもしれない。なぜなら私たち大人は、こうした問いに接してはじめて自分たちもそのことをよく知らないことに気づかされるし、それゆえ唐突なこうした問いにどのように答えたらよいのかわからないからである。
　もちろん、上述した質問のうちで答えられる質問もあるだろう。たとえば、「太陽はどうして赤いの（赤く見えるの）？」という質問には科学的な説明を与えることができる。しかし重要なのは、子どもを捉えて問わずにはいられなくした不思議さや驚きの念が、そうした説明によって解消されるとは限らないということである。
　この点に関し、森田は「花はなぜ咲くの？」という子どもの問いを取り上げて次のように述べている。

❖-❖-❖-❖-❖-❖-❖-❖-❖

　大人たちは、植物の仕組みや光の性格をわかりやすく、時にファンタジーを交えながら説明します。子どもたちは、ふーん、わかったとうなずきながら、心の中では、やっぱり「でも、一体全体どうして花は咲くんだろ？」とつぶやいているに違いありません。一輪の花がここで今咲いていることの意味、その不思議は、科学的な説明では決して解消することはないものだからです[11]。

❖-❖-❖-❖-❖-❖-❖-❖-❖

　子どもが驚き、不思議に感じているのは、それが今あるようにあることの理由や意味なのである。すでにあげたように、それは自然に関する事柄にとどまらない。「世界の存在や、自分の存在。世の中そのものの成り立ちやしくみ。過去や未来の存在。宇宙の果てや時間の始まり。善悪の真の意味。生きていることと死ぬこと。それに世の習いとしての倫理（たとえば、知っている人にあったらあいさつするとか）の不思議さ」など、永井によればそれは、「世の中で生きていくということの前提となっているようなこと」[12]なのである。
　しかし、永井は自らの経験もふまえながら、大人がこうした問いを本当はわかっていないのに、わかったつもりになってその問いを忘れてしまっているとして、次のように結論づけている。

❖-❖-❖-❖-❖-❖-❖-❖-❖

　たいていの場合、大人は答えてくれない。答えてくれないのは、問いの意味そのものが、大人には理解できないからである。かりに答えてくれたとしても、その答えはまとはずれに決まっている。せいぜいよくて、世の中で通用しているたてまえを教えてくれるか、なんだか知らないがそうなっているのだよ、と率直に無知を告白してくれるか、そんなところだろう[13]。

❖-❖-❖-❖-❖-❖-❖-❖-❖

　「問いの意味そのものが、大人には理解できない」というのは、おそらく大人はもはやそれを問うている子どもの視点に立つことができないということで

ある。すなわち、彼らの驚き、訝る感覚を、大人はもはや忘れてしまっているのである。

　この点に私たちは、「子ども」と「大人」の相違、さらには両者の関係を考える上での重要なポイントをみることができるだろう。それは子どもと大人の間にはある種の断絶があり、子どもと大人のあり方が根本的に異なっているということである。

　永井は先のような大人の返答から、子どもは「問うてみても無駄な問いがあることをさとることになる」という。そして、「大人になるとは、ある種の問いが問いでなくなること」であるという。子どもたちはこの世界そのものについて問う哲学的な問いが、大人においては理解されないか、適切に答えられないということを悟る。そして、いつしかその問いに感じていた新鮮な驚きや疑いをもなくし、問いが問いでさえなくなっていくというのである。

　森田は、この「大人になる」ということについて、子どもが「世界を『驚き』の目で『見る』存在から、このような世界の中で『生きる』存在へと変わること」[14]かもしれないと述べている。森田においては、子どもが世界のありようを受け入れ、その中で「生きる」ことへと関心を移すこと。そのことこそ、子どもが「大人」になることとされるのである。

　ここには大人との関わりの中で、大人の関心に添わない問い、すなわち、「生きていくということの前提となっているような」問いが排除されていかざるを得ない子どもの事情が透けてみえている。大人にはもっと重要な関心事、すなわち、「世の中で生きていくということ」があり、子どもにとって重要な哲学的問いは、十分に共有されることなく放置される。その結果、世界や世の中が今あるようにあることに対して、驚きや不思議を感じる感性（これを「哲学的な感性」と呼ぼう）もまた顧みられることなく放置され、結果としてそのような哲学的感性としての「子ども」は忘れ去られ、衰弱し、いつしか失われていくのである。

　こうして大人は子どもの問いに対し、十分に答えない（もしくは答えられない）という形で応答していることになる。そしてそうした応答により、結果的に子どもから「子どもらしさ」を抜き去り、彼らを「大人」にしていく面をもっ

ているのである。
　しかしその一方で、大人は子どもの問いに対して、「子どもらしさ」を守ろうとするかのように応答する場合がある。それは、すでに取り上げたサンタクロースの存在に関する子どもの問いである。そこで、次にこの問いがどのような点でこれまでと異なるのかをみることにしよう。

（２）　サンタクロースは存在するか
　　　―サンタと「子ども」の生きる場所―

　子どもから、「サンタクロースってほんとにいるの？」とたずねられたら、あなたならどう答えるだろうか。改めてたずねてくるような子どもに対し、あっさりと、「いない」と答えることには抵抗を感じるのではないだろうか。だが、それはなぜだろうか。
　「サンタクロースってほんとにいるの？」[15)]という問いは、今から120年ほど前に実在する少女によって公に問われたことがある。当時８歳だったバージニア・オハンロンは、友達からサンタクロースなんていないといわれる。バージニアは父親にたずねるが、父親からは新聞社に聞いてみるよう勧められ、この問いはニューヨーク・サン新聞社に委ねられることになった。新聞社ではこの少女の問いかけに、フランシス・Ｐ・チャーチという記者が社説で答えたのだが、この回答が多くの読者の共感を呼び支持された。その後この社説は絵本となり、現在も出版され続けている。
　チャーチはバージニアの問いに対して友人が間違っていると答え、その子の心には「うたぐりやこんじょう」が染み込んでいて、目に見えるものしか信じないのだと説く。そして「愛」や「おもいやり」がこの世に存在するように、サンタクロースも存在すると答えるのである。
　日本にも、てるおか・いつこによる『サンタクロースってほんとにいるの？』[16)]という絵本がある。おそらくクリスマスイブの晩であろう。子どもたちはお風呂の中で、またコタツにあたりながら、両親にサンタクロースにまつわるいろいろな質問を投げかけていく。そして、子どもたちは繰り返しサンタ

クロースが本当にいるのかと両親にたずねるのだが、その都度両親は、端的にサンタクロースはいると答えるのである。

　チャーチの文章は子どもに宛てた回答であるにもかかわらず、社説という性格もあるためか、サンタクロースと並べて、「愛」や「おもいやり」を説いていて抽象度が高い。一方、てるおかの文章は「愛」や「おもいやり」といった言葉を用いずに、サンタクロースの人柄や、サンタクロースが世代を越え、子どもたちへのプレゼントを心待ちに準備する様子が、遊び心をもって伝えられている。いずれの本もサンタクロースの存在を肯定し、サンタクロースを心待ちにする子どもを肯定する内容になっている。

　すでに述べたように、子どものもつ信念は、大人が語った内容を現実の一部として素朴に端的に取り込むような信念であった。もしそうであるならば、サンタクロースの物語を子どもたちに語ることは、いってみれば大人たちが子どもに「嘘」を語り、誤った「現実」を信じ込ませているということになろう。しかしそれにもかかわらず、この物語は誰かにとがめられることもなく、世代を超えて語り継がれている。それはなぜだろうか。また、大人たちは自ら子どもたちの「誤解」を解くような話をしない。なぜ大人たちは、子どもたちのサンタクロースの「夢」を守ろうとするのだろうか。果たしてその意義とはなんであろうか。

　サンタクロースの物語では、どういう理由かわからないが、1年に1度見ず知らずの赤い服を着たおじいさんが、ただただプレゼントを配りにやってくる。彼がやってくる理由をあえて探すとすれば、それはそのおじいさんが子どものことが大好きで、子どもの喜ぶ姿が大好きだからという以外には見当たらない。

　このサンタクロースの物語で一体なにが意味されているのかをありのままに考えてみるとき、一つのことがみえてくる。それは、この物語の中では「子どもが喜ぶ」ということ、「子どもが幸せである」ということが、端的に絶対的に肯定されているということである。そこには何の条件もつけられてはいない。

　よく親などが、「いい子にしていないとサンタさんが来ませんよ」と子ども

に話したりするが、それは、サンタクロースの物語をしつけの方便にしているためだろう。おそらくサンタクロースはそのような考え方をもってはいない。彼は「子ども」が好きなのであって、「よい子」が好きなわけではない。サンタクロースの物語の中に、「サンタクロースは『よい子』にだけプレゼントを配りに出かけます」というくだりはなかったのではないか。おそらく彼にとって、「子ども」はみなすべからく「よい子」のはずである。

　プレゼントを子どもに贈ることは親や周囲の他の大人によってもできることであり、また実際に行われていることである。それにもかかわらず、なぜ「サンタクロース」と呼ばれる見知らぬおじいさんからプレゼントを贈られるという物語が大切にされているのだろう。そのことの意味を考えるとき、先ほどの「いい子にしていないとサンタさんが来ませんよ」という発言は示唆的である。

　子どもの世界が大人の世界のうちに共存するようになり、子どもの大人化が図られていくとき、身近な親であれ見ず知らずの大人であれ、いつまでも子どもをあるがままの自由な存在としておくことはできない。大人は子どもの「あるがまま」をすべていつも無条件に肯定し続けるわけにはいかない。サリバンがヘレンに第一に教えなければならなかったのが、実は言葉ではなく「服従」であったように[*6]、子どもは大人の世界の住人になるべく「子ども」であることの一部を否定され、望ましい形に「教育」されねばならないのである。

　この過程は、子どもにとってはもちろん、大人にとってもときにつらく苦しい試練となる。しかし、サンタクロースだけはそんな厳しい現実を超越したところからやってきて、プレゼントを贈るという仕方で子どもの喜ぶ姿を絶対的に肯定し続ける。子どもの喜ぶ姿は、大人が絶えず望んでいることではあるが、同じ世界に住まう以上、現実的には許されない事柄なのである。サンタクロースの物語は大人のそうした思いを仮託され、大人たちに代わって「子ども」と

[*6] サリバン（槇恭子他訳）『ヘレン・ケラーはどう教育されたか―サリバン先生の記録―』（明治図書出版　1973年　pp. 19-20）を参照。「彼女が私に服従することを学ぶまでは、言語やその他のことを教えようとしても無駄なことが、私にははっきりわかりました。私はそのことについていろいろなことを考えましたが、考えれば考えるほど、服従こそが、知識ばかりか、愛さえもがこの子の心に入っていく門戸であると確信するようになりました」。

いう存在を全肯定する役割を果たしているように思われる。

　サンタクロースの物語を語ること、そして特にその存在をめぐる問いかけに、「いるよ」と応答すること。この物語と応答の中にサンタクロースは存在する。サンタクロースの格好をした人であれば、現実の世界において見かけることはある。しかし本当のサンタクロースは見ることができない。しかし、サンタクロースは見えるのとは別の仕方で物語のうちに存在し、同時にサンタクロースの物語が語られるところに、「子ども」も肯定されて存在するのである。

　大人は、現実の世界が今あるようにあることについては、子どもの問いについて十分に応答しない（できない）一方で、現実には存在しない「サンタクロース」をめぐる問いについては、積極的にその存在を肯定して応答する。同じ子どもからの問いかけであるが、ここには大人の異なる応答の仕方があるように思われる。最後にその点について考察することにしよう。

4．結語にかえて
　　　―子どもへの関わりを再考するために―

　本章では、子どもとはどのような存在であるか、またどのような世界を経験しているか、そして子どもの問いかけに対する大人の応答は、子どもへのどのような関わりを意味しているのかについて考察してきた。

　これまでの考察によれば、大人は子どもの哲学的問いに十分応答しえないのであり、結果的に我々が「哲学的な感性」と呼んだ子どもの「子どもらしさ」は評価されず、その意義や可能性もあまり探求されることのないまま、失われていってしまうということであった。こうして大人は、結果的に子どもから「子どもらしさ」を失わせ、大人にとってより重大な関心事である「世の中を生きること」へと子どもたちの目を向け、彼らを「大人」へと向かわしめるのであった。しかしその一方で、大人は子どもに対する別の関わりもみせていた。現実には存在しないサンタクロースを語り、その物語を守ることの中で、大人は「子ども」の存在を肯定し、「子どもらしさ」を守ってもいるのである。

　ここには、一見矛盾した大人の関わりが認められるだろう。大人は一方では

「大人」になることへと子どもを促し、もう一方では「子どもであること」を肯定しているからである。しかし、ここで述べたいのは、直ちに前者を非難し、後者を推奨するという話ではない。むしろ、まずここで述べたいことは、大人たちの子どもへの関わりには、上述したような一見矛盾する側面が含まれているということであり、そのことに大人はもっと自覚的であるべきだということである。

科学知識が増大し、技術化や情報化が子どもを囲い込んでいく中で、子どもは素朴に生きることや生きている世界を驚き、不思議がり、味わうことから、あまりにも早いうちに遠ざけられているのではないだろうか。そしてその中で、子どもが生きる「今」は、あくまでも大人が望む「この子の未来」のための手段として、急かされ看過されているように思われる。そのため、目に見えるものや実証可能なもの、そしてただちに役に立つものだけが重視され、サンタクロースの物語が本来守っているような世界もまた、徐々にその居場所を狭められている。

こうした状況の中で、まず私たちに求められることは、これまでみてきたような子どもへの関わり方について自覚的になり、そのあり方を反省することだろう。大人は「子どもらしさ」を失わせるような関わりも、また「子ども」の存在を肯定し「子どもらしさ」を守るような関わりも、どちらも行っている。「子どもらしさ」がどこに生き、どこで失われることがあるのか。また失われることが問題だとすれば、子どもにどのような「大人」になることを望むのか。今のような時代に子どもの支援に携わる人々には、こうした問題への深い洞察が求められているはずである。

【引用文献】
1）ヘレン・ケラー（小倉慶郎訳）『奇跡の人　ヘレン・ケラー自伝』新潮社　2004年　p.34
2）同上書　p.35
3）同上書　p.24
4）菅野盾樹『哲学教科書シリーズ　人間学とは何か』産業図書　1999年　p.132
5）ピエーロ・フェルッチ（泉典子訳）『子どもという哲学者』草思社　1999年

pp. 102-103
6) G.B.マシューズ『子どもは小さな哲学者　合本版』新思索社　1996年　p. 11
7) 同上書　p. 60
8) 森田伸子『子どもと哲学を　問いから希望へ』勁草書房　2011年　p. 34
9) 永井均『＜こども＞のための哲学』講談社　1996年　pp. 18-20
10) 前掲書5)　p. 102
11) 前掲書8)　p. ii
12) 前掲書9)　p. 15
13) 前掲書9)　p. 16
14) 前掲書8)　p.iv
15) ニューヨーク・サン新聞社（中村妙子訳）『サンタクロースっているんでしょうか？』偕成社　1977年
16) てるおか　いつこ：文　すぎうら　はんも：絵『サンタクロースってほんとにいるの？』福音館書店　1982年（『かがくのとも』通巻153号）

【参考文献】

・サリバン（槇恭子他訳）『ヘレン・ケラーはどう教育されたか―サリバン先生の記録―』明治図書出版　1973年
・G.B.マシューズ『哲学と子ども　子どもとの対話から』新曜社　1997年
・R.M.ジング（中野善達他訳）『野生児の記録2　野生児の世界　35例の検討』福村出版　1978年
・エッケハルト・マルテンス（有福美年子他訳）『子供とともに哲学する―ひとつの哲学入門書―』晃洋書房　2003年
・加藤尚武「「子ども」の存在論」加藤尚武他編集委員『子ども（現代哲学の冒険2）』岩波書店　1991年
・小浜逸郎『方法としての子ども』筑摩書房　1996年
・杉山光信「「子ども」の思想史」加藤尚武他編集委員『子ども（現代哲学の冒険2）』岩波書店　1991年
・哲学会編『子ども』有斐閣　2007年
・土戸敏彦『冒険する教育哲学＜子ども＞と＜大人＞のあいだ』勁草書房　1999年
・フィリップ・アリエス（杉山光信他訳）『＜子供＞の誕生　アンシァン・レジーム期の子供と家族生活』みすず書房　1980年
・本田和子「＜原史＞としての子ども」加藤尚武他編集委員『子ども（現代哲学の冒険2）』岩波書店　1991年

コラム 子どもと哲学

　日本では「哲学」と聞くと、「難解で高尚な自分とは無縁な学問」というイメージをもつ人が多いかもしれない。まして、子どもがその「哲学」に関わることなど、想像もつかない突飛なことと感じる人も多いだろう。しかし、子どものための哲学教育は、今やユネスコ（UNESCO）が世界的に推進している一つの教育課題である。

　第二次世界大戦後の1946（昭和21）年以降、ユネスコは哲学教育に取り組んできた。それは、哲学教育が民主主義を支える市民の形成に貢献し、現代世界における諸課題、とりわけ倫理的領域における諸課題を前に、一人ひとりが自ら責任を負う姿勢を準備するものと期待されたからであった。当初、議論の中心は中等・高等教育段階における哲学教育であったが、1998（平成10）年以降は保育園や幼稚園などの子どもまで対象を広げ、「子どものための哲学（Philosophy for Children）」が提唱されるようになった。その後、「哲学を教えること（Teaching philosophy）」や「哲学することを学ぶこと（Learning to philosophize）」に関する諸問題や方法論が集約され、世界各国の実践例とともに報告されるようになっている。

　私たちにとって、3歳の子どもが哲学する姿をイメージすることは容易ではない。それは私たちの理解する「哲学」が、あくまで学ぶものではあってもするものではないところから来ているだろう。しかし今後、哲学教育の動向が日本にも及んでくるとすれば、子どもの保育や教育に携わる人には、将来「哲学する」ことが求められるようになるかもしれない。

　その姿を考える上で参考になる1本の映画がある。『ちいさな哲学者たち』という邦題のこの映画は、世界で初めてフランスの幼稚園ではじめられた哲学の時間を、2年間にわたって追いかけたドキュメンタリー映画である。この映画の中で子どもたちは、幼いながらも、愛、自由、死などのテーマについて実際に考え、意見を交わしている。これからは子ども支援に携わる人にも、ぜひ「哲学する」ことに関心をもってほしい。

【参考資料】
・UNESCO, *Philosophy, a School of Freedom*, UNESCO Publishing, Paris, 2007
・DVD『ちいさな哲学者たち』アミューズソフトエンタテインメント　2012年

第2章

子どもを取り巻くコミュニティの変容

● 本章のねらい ●

　「子ども時代」に経験する出来事は、社会的環境変化によって変わっていく。章末のコラムで記したように、現在の子どもは今の大人が経験したことのない状況を生きているのである。その意味で、自分もかつて子どもだったというだけでは子どもの世界を理解することはできない。

　しかし、その一方で、子どもが誕生してから成長して大人になるまでの、身体的成熟の基本的なプロセスや、多くの子どもたちが家族のもとに生まれ、学校で教育を受け、社会へ巣立つという大まかな構造に大きな変化はなく、発達課題にも共通する部分が多い。そこで、本章ではまず人間の発達を社会との関係において捉えたエリクソン（Erikson, E. H.）の発達理論に基づいて、子どもの心が、周りの人々や社会的環境と相互作用しながら発達していく様子を確認する。そしてその上で、今、子どもたちが生きる現代社会の特徴や、子どもたちの変化について考察していこう。

1. 心理的発達の基礎理論(乳幼児期から青年期)

　エリクソンは、人の一生のそれぞれのステージに発達課題があると考えた。成長に応じて子どもに求められる活動があり、その要求は子どもに危機をもたらす。その危機を乗り越えることができれば心理的に望ましい状態を獲得し、反対に危機を乗り越えることができなければ、心理的に望ましくない状態となるというのがエリクソンの仮説である。エリクソンの発達課題は、その望ましい状態と望ましくない状態を1組にした形で表される。

　エリクソンは、人の一生を8つの発達段階に分けた。乳児期、幼児期前期、遊戯期（幼児期後期）、学童期、青年期、前期成人期、成人期、成熟期の8段階である。そのうち「子ども」といえるのは、はじめの5つのステージであろう。

(1) 乳児期

　第1のステージは乳児期であり、発達課題は「基本的信頼感」の獲得である。生まれてからおよそ18か月までのこの時期は、身体能力も未発達で、養育の責任は母親などの養育者が負っている。乳児は空腹や排泄時の不快感などを、泣くことによって表現し、養育者が「お腹がすいたのね」「おむつが濡れて気持ちが悪いのね」などと適切に意味づけつつ、子どもの不快感を取り除く。そして、それによって乳児は、苦痛があってもそれを癒すことは可能で、実際苦痛は取り除かれるものだという経験を積み重ねていくのである。言語を獲得していないこの時期の経験は、具体的人物や事実に関する記憶として蓄えられるのではなく、乳児を取り巻く世界全体に対する抽象的な信頼感を形成する。これが基本的信頼感の獲得であり、対象を限定せず根拠も必要としない漠然とした信頼感は、成長した後に経験する個々の負の経験によって傷つけられにくいのが特徴である。それに対して、養育者が養育放棄などの不適切な養育を行うと、乳児は世界に対して「不信感」をもつようになってしまう。

（2） 幼児期前期

　第2のステージは、乳児期の終わりからおよそ3歳までの幼児期前期であり、発達課題は「自律性」の獲得である。この時期には随意筋のコントロールが向上し、立ったり歩いたりといったことができるようになる。また、括約筋のコントロールもできるようになってくるので、およそ3歳までのこの時期に、先進国の社会では子どもにトイレット・トレーニングが課せられる。子ども用のおまるに座ってみるところからはじまって、最終的には、排泄欲求を感じとり、トイレにたどり着くまで括約筋を制御して、トイレで排泄できるようになることが期待されるのである。

　この課題への挑戦を通じて、子どもは自分自身をコントロールすることができるという自律の感覚と、その意思を獲得する。しかし、身体的発達に見合わない難しい課題を課すなど課題設定が不適切であったり、排泄の失敗を厳しくとがめすぎたりすると、子どもは自律の感覚を獲得できず、自分が「ちゃんとできない」子どもであるという「恥」の感覚を定着させてしまうのである。

（3） 遊戯期

　第3のステージは遊戯期（幼児期後期）で、小学校就学前、保育所や幼稚園に通っている3〜6歳くらいの時期である。発達課題は「積極性」の獲得であるが、「積極性」という訳語よりは「自発性」という訳語か、あるいはイニシアティブ（initiative）という原語の方がわかりやすいかもしれない。「遊び」の経験から獲得する自発性・積極性はとても重要なもので、人生を生きていく「目的」を決めるための方位磁針のような働きをする。

　この時期の子どもの身体的発達の程度は、立つ・歩くといった基本的動作が安定してきて、興味の内容が外界の探索に移るまでになっている。そして、この時期の子どもが社会から期待されているのは、遊ぶことである。この幸福な時期に自分の興味の赴くままに遊び、そのことで楽しさを感じることで、子どもは自分の自発性・積極性（initiative）が受容されていると感じる。子どもは

そのような体験によって、外界に対して自発的に積極的にふるまってよいのだし、それは楽しいことだという感覚を獲得するのである。

それに対して、子どもの自発性・主導権（initiative）を著しく制限したり、自発的・積極的な行動を不適切な方法で叱責したりすると、子どもは自発的・積極的にふるまうこと自体についての自信を失ってしまう。そのような場合、何かを「したい」という欲求をもつこと、自発的・積極的にふるまうことへの「罪悪感」を形成してしまうのである。

（4） 学童期

第4のステージは学童期（児童期・学齢期とも訳される）である。6～12歳くらいまでの時期で、日本では小学校に通う時期にあたる。発達課題は「勤勉性」（industry）で、それは、学習など必要な課題をやり遂げることができ、それを楽しいことだと感じる感覚である。

学童期の間に、幼児期の名残を残していた子どもの身体は、少しずつ大人の身体に近づいていく。それにともなって、社会は子どもが大人になったときに必要なスキルの獲得を子どもに求めはじめ、学校では、学習や運動、学校行事への参加といった課題が子どもたちに課されるようになる。

学習や運動の課題を一つひとつ達成し、フォーマル・インフォーマルな人間関係を切り回すコツを覚えることで、子どもたちは、必要な課題をやり遂げることは可能かつ楽しいことであるという身体感覚（勤勉性）を獲得する。それは後々、自分は物事をうまくやっていけるのだという有能感（competence）の基礎となるのである。それに対して、子どもが必要な物事を習得し、自分のものにする試みが失敗した場合、発達危機としての「劣等感」を経験する。

（5） 青年期

第5のステージは青年期であり、青年期の課題は「アイデンティティ（identity）の確立」である。青年期とは、身体の成長という点においては、性的に

も成熟し、大人と同じ機能をもつようになる一方で、経済的自立を果たしておらず、社会的に大人の役割をとることはできないという時期である。この時期に、青年の世界は身の回りの具体的な人間関係を超えて広がり、メディアを通して世界中にあふれる情報を探索できるようになる。家族・学校・近隣といったコミュニティの具体的な人間関係や、メディアを通じて得た情報の中から役割モデルを選び、それらに憧れて一体化したり、幻滅したり、モデルとの差異を感じてそれから離れたりしつつ、青年は実際にさまざまな社会的役割をとって試行錯誤し、自分が情熱を傾けることのできる社会的役割を模索する。最終的な選択を猶予されているという意味で、青年期は「モラトリアム（執行猶予期間）」であるといわれ、最終的な選択をしてアイデンティティを確立するのは青年期の終わりである。

「アイデンティティの確立」という概念には、さまざまな内容が含まれているが、もっとも基本的な要素は、「これが私だ」と確信できるような社会的役割や価値観を自ら選択することである。エリクソンの研究を発展させたマーシア（Marcia, J. E.）は、より具体的に、職業、宗教、性役割、政治の領域で、自ら模索した結果として価値観や役割を選択することが、アイデンティティの確立であるとしている[1)2)]。

日本では、宗教的なアイデンティティの確立がそれほど強く求められているわけではなく、大多数の青年にとって宗教的価値や役割の選択は大きな悩みの種にはならない。しかし、残りの3つの領域、すなわち、職業や性的パートナーとの関係において自分がどのような役割をとるのか、自らが生きる社会の進む方向性を決める政治という領域においてどのような価値を重視するかについて明確な指針をもつことは、現代日本の青年にとっても重要である。

（6） 青年期以降の心理的発達と子ども時代の重要性

以上のように、幼児期から青年期までの心理的発達を概観してきたが、この「子ども時代」に形づくられた心の基礎的な部分は、生涯にわたって人生に影響を与える。青年期に続く「前期成人期」のステージで、人は性的パートナー

を選択することを社会から期待され、その過程で他者と「親密性」を構築するという課題に取り組む。さらにその後の「成人期」のステージでは、仕事や親としての活動を通して何かを生み出すという「生殖性（生産性）」が課題となる。そして、人生の最終ステージである「成熟期」には、自分の人生を振り返り、意味のあるものとしてそれを統合する「自我統合」が発達課題となる。

　成人以降のこれらの活動に、青年期以前の発達課題達成の成否が大きな影響を与えるのはなぜか、簡単に触れておこう。まず、成人前期のパートナーの選択は、自分を取り巻く人や環境に対する基本的な信頼感や自分の人生を自分で決定できるという自律の感覚、夫としてあるいは妻としてどのような役割をとるかという性役割領域のアイデンティティを確立していた方がうまくいく。また、親として次の世代を育て、職業活動を通じて何かを生み出すという成人期の課題には、基本的信頼感や自律の感覚、課題をやり遂げることができるという勤勉性の感覚、取り組みたい活動をみつけることができる積極性に加えて、性役割や職業領域でアイデンティティをしっかりと確立していることが、ワークライフバランスを考える上で必要となるのである。

2．「私」の多元化・流動化

（1）　青年期のアイデンティティ形成の困難

　前述のように、「自分とは何か」「何を自分の情熱の対象にするのか」という問いに答えることは、「いかに生きるか」に直結する重要な問題である。しかし、アイデンティティの確立を先延ばしにする若者の増加は、1960年代から指摘されてきた。アメリカではエリクソン自身が「アイデンティティの危機」を「大衆心理学の愛玩テーマ」[3]と呼び、精神科医の小此木は、青年期というモラトリアムを社会で許容される期間を超えて延長しようとする青年を「モラトリアム人間」と名づけ、その概念は流行語となった[4]。

　この当時、青年期として社会に許容されているのは、一般的には22歳前後ま

でといわれ、大学を卒業しても定職につかない男性が「モラトリアム人間」として非難された。しかしその後、社会構造的要因の変化を理由に、現代社会においては30代半ばごろまでアイデンティティの形成を遅らせていても異常とはいえないとする見解[5]も出現し、現在ではそういった見解が主流になりつつある。また、小此木も、あえて決定的なアイデンティティ確立をせず、「根としての自分」はしっかりもちながら、流動的な社会や多元的な生活場面にあわせて、さまざまな自分を使い分け変化させていく「ソフトな自我」を現代社会に生きる処方箋として提案している[6]。

（2） キャラ化する子どもたち

　アイデンティティ確立が困難な時代になったといわれてからおよそ20～30年後、「ソフトな自我」の青年たちの子どもにあたる世代で特徴的なコミュニケーション様式が発生した。社会学者の土井はそれを「キャラ化」[7]と名づける。土井のいう「キャラ」とは、子どもたちの文化で共有されている原型的な人物像の特徴に沿って類型化されたひとまとまりのコミュニケーション様式を指すといっていいだろう。子どもたちは、友だち同士のやりとりの中でキャラを割り当てられ、そのキャラにふさわしいコミュニケーション様式に沿って与えられた役割を演じることで、衝突を避けるというのである。

　たとえば、「彼女は天然キャラだから」といえば、それは社会的な常識が足りなかったり、コミュニティのメンバーが共有する価値観とその人の価値観が少しずれていたりするために、言動がユーモラスだったり、理解に苦しむものであったりする、ということを意味する。しかし、子どもたちは、「天然キャラ」と認定された子どもの言動が理解に苦しむものであっても、社会常識の不足を指摘してそれを矯正しようとしたり、価値観に関するポリティカルな議論をして折り合いをつけることで、その子どもの行動を予測可能なものにしようとはしない。「天然キャラ」というカテゴリーを割り当てることで、多少の奇矯さであれば想定内のものとして受け入れることで、コミュニケーションの流れを予測し、衝突を避けるのである。

「キャラ」は固定したものでなく、場が異なれば、キャラが異なることは暗黙の了解の範囲内であるとされ、家庭、学校、塾という場面に合わせてキャラを変えたり、休み時間と授業中でキャラを使い分けたりすることも黙認される。「キャラ」は自己定義だけで成立するものではなく、場を共有する仲間の承認があってはじめて成立するものではあるが、主体的な決定権がないわけではなく、ふるまいや外見を変えたりして自己を演出し、「キャラチェンジ」を図ったりすることもある。

土井は子どもたちの変化について、「今日の若い世代は、アイデンティティという言葉で表されるような一貫したものとしてではなく、キャラという言葉で示されるような断片的な要素を寄せ集めたものとして、自らの人格をイメージするようになっています」[8]と述べる。「キャラ」が友人コミュニティ内部の相互作用によって割り当てられる場合もあることを考えると、キャラの寄せ集めという自我・自己のあり方は、小此木のいう「ソフトな自我」よりさらにソフトである。

なぜこのような変化が生じるのだろうか。土井も小此木も、子どもたちの間に生じた変化が、社会の構造的な変化への適応という側面をもっているとしている。それでは、現代の社会とはいかなる特徴をもっているのだろうか。次にはそれを検討したい。

3．現代社会の特徴

（1）　経済の停滞と科学技術への疑念—「大きな物語」の凋落—

現代に生きる人々の価値観の源をつくったのは、近代産業社会であった。大ざっぱな言い方をすれば、近代産業社会とは、市民革命が起こって人々が身分から解放され、物事を認識するパラダイムが宗教から科学に移り、蒸気機関が発明されて、機械工業が産業の主力になった時代のことである。

自分がいかに生きるかを決めるのは神や王の定めた身分ではなく、他ならぬ

自分自身であるという考え方に熱狂した時代、科学をはじめとした諸学問によってすべての問いに答えが与えられると信じられた時代、産業の発達によって日々社会の富は増大し、人々の暮らしが豊かになるであろうと信じられた時代、それが近代産業社会であった。

近代産業社会には、社会を構成するおおよそのメンバーが受け入れることができる「大きな物語」[9]があった。「大きな物語」にはさまざまなものがあるが、先に述べた「科学などの諸学問の進歩と産業の発展によって、すべての問いに答えが与えられ、人々の暮らしが豊かになるだろう」という考えもその一つである。

もっとも思想的な意味での「大きな物語」は、1970年代末に発表されたポストモダン思想において終焉を宣告されている。科学的認識論は哲学的にも科学史的にも社会学的にも批判が加えられ、科学的認識論がその他の認識論に比べて確実に優越していると証明できないこと[10]、実際の科学史上の大発明は帰納と演繹の「科学的手続き」にはしたがっていないこと[11]、科学的認識も社会的な諸要素の影響を受けること[12]が指摘された。

また、産業の「成長の限界」についてはローマ・クラブが1972年に警告を発している。産業は無限に発達しつづけるものではなく、天然資源の枯渇や深刻な環境汚染により、いずれ産業には「成長の限界」[13]が訪れるだろうと論じたのである。

とはいえ、庶民はそれらの警告をそれほど深刻には受けとめてこなかった。哲学者や学者、それから直接的に公害の被害を被った人々を除けば、バブル崩壊までは右肩上がりの経済を背景に、消費による自己表現の楽しみに没頭することで、「今日より楽しい明日」を信じることはできたのである。

しかし、1991（平成3）年からはじまった地価と株価の下落を皮切りに、バブルは崩壊し、経済は停滞する。1997（平成9）年までバブル期の余韻の中で467万円まで上昇を続けていた給与所得者の平均給与は、98年以降下落傾向にあり、2011（平成23）年には409万円まで下落した[14]。

日本銀行は、現在の暮らし向きについての生活者の意識を調査しており、2012年9月の調査では、実際の収入についても尋ねている。1年前と比べて収入が

「減った」（50.1％）と回答する者が、「増えた」（7.1％）と回答するものに比べて大幅に多く（他は「変わらない」42.3％）、現在と1年後を比べても「減る」（45.8％）と予測する者が「増える」（5.3％）と予測する人の割合を上回る（他は「変わらない」48.2％）[15]。

また、科学技術と産業の結びつきによって人々の生活が豊かになるという「物語」は、早い段階から生じていた環境汚染による公害やオイルショックなどによってたびたび脅かされてきたが、子どもたちに最も強い影響を与えているのは、2011（平成23）年の福島第一原子力発電所の事故であろう。科学的言説と政治の混交が露呈したことや、発電所周辺住民の安全より産業の発展を重視しているかのような一部産業界の態度は、科学や産業の発展が人々の幸福に寄与するという物語に疑いを抱かせるには十分だった。

（2） 多価値化社会

「大きな物語」にリアリティを感じられないこのような社会において、人々は生活をいきいきと組織化する価値を自分で見つけ出す必要がある。「何のために生きるのか」という基本的な決定に際して選択の幅が大きいということは、若者が選択に迷い、「どういう生き方をしていいのかわからない」と混乱するという側面があるけれども、それと同時に自由と多元性を許容するという側面もある。

昔風の立身出世をめざすことも、「身の回りの人の役に立つ」「モノをつくるのが楽しい」といった身の丈にあった小さな物語に志を託すことも、あるいは職業活動は生きる糧を稼ぐものと割り切って趣味や社会的活動に自分の生きがいを求めることも、生活費を稼ぐことをパートナーに任せて家族の世話をすることも、多かれ少なかれ賛同者を獲得するという伸びやかさがあるのである。

労働政策研究・研修機構による「日本人の就業実態に関する総合調査」で、「生きがいを感じること」について調査対象者全員に複数回答で質問したところ、「余暇、趣味」という回答が54.7％と最も多く、次いで「家庭」（43.7％）、「仕事」（26.5％）、「ボランティアや地域活動などの社会活動」（5.0％）、「そ

の他」(2.5％)などの順であった。男女別にみると、「仕事」を生きがいと回答したものは男性では35.3％、女性では33.7％であった[16]。質問項目が異なっているので単純な比較はできないが、高度成長期の1967（昭和42）年に行われたNHKの世論調査では、「仕事のほうに生きがいを感じている」(32％)、「どちらかといえば、仕事のほうに生きがいを感じている」(22％)、「どちらにも同じくらい生きがいを感じている」(32％)、「どちらかといえば、仕事以外の生活のほうに生きがいを感じている」(7 ％)、「仕事以外の生活のほうに生きがいを感じている」(3 ％)という分布になっている[17]。高度成長期には仕事以外のことに仕事以上の生きがいを感じる人が10％しかいなかったのと比べ、現在では多様な生き方が肯定されるようになっているといえよう。

（3） 雇用の不安定化

　不況の長期化とともに、産業社会が労働者に求めるものも異なってきている。1970年代には、就職した企業に退職まで勤続することが模範的な働き方だとされてきた。すぐにやめてしまう若者や責任を負うのが嫌だからとあえてアルバイトを選ぶ青年は、大人になれない「モラトリアム人間」だと非難された。
　しかし、労働者派遣法の規制が徐々に弱められ、1999（平成11）年に大きく改正されると、非正規雇用が増加していく。1985（昭和60）年には、雇用者のうち非正規雇用であるのは男女それぞれ7.4％と32.1％であったのに対し、2012年 1 ～ 3 月の統計は男女それぞれ19.6％と54.6％まで上昇している[18]。バブル時代と違い、好きでアルバイトを選ぶのではなく、「正社員として就職先がないので仕方なく」という「望まない」非正規就労が増えているのである。
　それどころか、正社員であっても安定して定年まで勤め上げられるという確信は揺らぎつつある。2012（平成24）年、ソニー、パナソニック、シャープといった大手家電メーカーがそれぞれ数千人規模のリストラを発表した。日本銀行による調査で、今後 1 年の回答者の雇用・処遇について不安を感じるかどうかを尋ねたところ、「あまり感じない」は14.3％、「少し感じる」は45.9％、「かなり感じる」は39.7％であった[19]。

また、産業構造の変化や、個人のスキルが陳腐化する速度が増していることを受けて、活力を維持するために「40歳定年制」の提案も出てきた。これは入社後20年で首を切るという単純な提案ではなく、生涯に２、３回の転職をすることを前提に、在職中や退職後に１～２年の給付つき再教育期間を認め、所属する産業分野や職種の需要がなくなっていたり、労働者のもっているスキルが陳腐化したりした場合に、新たな成長分野に人材を振り向けるためのシステムであると説明されている[20]。

　つまり、非正規雇用に依存し、産業構造の変化に柔軟に対応することを人々に求める現在の社会システムにおいては、職業役割を中心とした確固たるアイデンティティを確立するよりは、複数の中心をもち、アイデンティティの解体と再形成をいとわない柔軟さがむしろ求められているといえよう。

（4）　情報化

　自我・自己の多元化・流動化をもたらす要因として、もう一つ重要なのが情報化という要素であろう。河村は、1996年と2001年に行われた『情報化社会と青少年に関する調査』を比較し、1996年には9.5％であった青少年（12～29歳）の携帯電話・PHS利用率（n＝3,803）が、2001年調査では携帯電話が74.7％、PHSが3.1％に大幅な上昇を示している（n＝3,486）[21]ことを明らかにした。また、内閣府が2011年に行った『青少年のインターネット利用環境実態調査』では、10～17歳（小学校低学年から高校生程度）の子どもが調査対象となったが、そこでは小学生の20.3％、中学生のうち47.8％、高校生の95.6％が携帯電話・PHSを、小学生のうち81.9％、中学生のうち85.0％、高校生の87.7％がパソコンを利用していることが示された（n＝1,969）[22]。

　携帯電話やパソコンでは、メールをすることやインターネットを閲覧するといった活動が行われており、2011年の調査によれば携帯電話等でメールをする人は、小学生利用者の74.4％、中学生の94.6％、高校生98.7％である（n＝1,036）。携帯電話を用いてのサイトの閲覧も、小学生利用者の11.3％、中学生の45.0％、高校生の80.7％（n＝1,036）にのぼり、携帯電話によるインター

ネット利用者の平日利用時間は平均81.3分である（n＝985）。一方、パソコンでメールをする人の割合は低く、13.3％にとどまるのに対し、80.3％の人がパソコンでサイトを閲覧することがあり（n＝1,665）、パソコンによるインターネット利用者の平日利用時間の平均は46.1分であった（n＝1,350）[22]。

　1996年には携帯電話を利用している青少年の方が少数派であったが、2011年には小学生で２割ほどが、中学生で半数程度が、そして高校生になると大多数が利用するようになっている。そして、携帯電話やパソコンを使ってインターネットを利用し、メールによるコミュニケーションを行ったり、サイトを閲覧したりしているというのが現在の子どもたちを巡る状況である。

　インターネットには多くの長所と短所があるが、多元的・流動的な自我・自己の出現と深く関係するのは、物理的な移動なしに多元的な場に所属できるという特徴である。無論、オフラインであっても、人はさまざまな場に応じていくつもの顔をもっている。それでも、行動規範が切り替えられるときには場所も相手も切り替わるので、切り替えはごく自然に行われ、移動には時間等のコストがかかるので、所属できる集団もそれほど多くない。しかし、インターネット上の活動は物理的な移動なしで活動の「場」を切り替えることができるので、並行して同時に複数の「場」に参加し、さまざまな行動規範を数分ごとに切り替えるということもあり得る。

　2012年２月から５月にかけて、YAHOO！JAPANでは、Yahoo！JAPANのIDで最大７つのプロフィールを使い分けられるようにするという機能についてのキャンペーンが行われた[23]。「１つのIDで７人の自分になる」「グループや目的に応じて顔を使い分ければ、ネットでのコミュニケーションがもっと楽しくなる」「ソーシャル時代は複数の顔を使い分けるべし！！」といったコピーとともに、同じキャラクターが眼鏡をかけたり、カツラを着けたり、仮面を付けたり、という７通りの変身をしているイラストが提示されている。

　YAHOO！JAPANの場合は、異なるプロフィールを使って「キャラ」たちが活動する場を区切ることで、そのキャラが「その人の一部にしか過ぎないこと」「作為的に演じられているものであること」がわかりにくくなるだけではない。もっと確信犯的に、複数の自分があることやそれを使い分けることが、

楽しく生産的な行為である、という価値づけが行われているのである。

4．多元的・流動的な自我の脆弱性とそれへの処方箋

　現在の日本は、高度成長期の日本とは根本的に異なった状況にある。前者は何が「正しい」のかわかっていると思っていた時代、一生懸命勉強していい大学に入り、就職すればやりがいのある仕事と生活の安定を得られた時代、その代わり、仕事以外のことが生きがいだというのは勇気が必要だった時代であったのに対し、後者は「大きな物語」が存在しない代わりに、多様な生き方が認められ、いくつもの社会的空間をかけもちして楽しむことができ、ある職業役割が必要とされなくなれば、情熱を注げる他の役割を選ぶよう社会の側から求められる時代でもある。

　このような社会においては、青年期の発達課題が変化し、多元的で流動的な自我・自己のあり方がむしろ適応的だといわれることもよくわかる。だが、注意しておかなければならないのは、そういった自我・自己のあり方が、独特の脆弱性をもっていることである。多様な価値が認められるということは、「何を選んでもよい」代わりに「何を選んでも自分が正しい選択をした」という確信がもちにくいということである。社会に広く共有された価値観がないのだから、頼りにできるのは、自分がそういう生き方を「好きだ」とか「心地よい」等というインパルシヴ（衝動的）な感覚と、身近な人々による承認である。

　また、社会心理学で、自己概念の一貫性が低い人は、人と自分を見比べることによって自尊心が影響を受けやすいという実験がある。人は誰でも自分より劣っているようにみえる人々と出会うことによって自尊心が高まり、逆に自分より優れているようにみえる人と出会うと自尊心が低くなる。そして、自己概念の一貫性が低い人は、その傾向が顕著になるのである[24]。

　インパルシヴな欲求を仲間の承認を根拠に肯定したい、自分より劣ったものを発見して（ときにはねつ造して）安心したいという欲求を、いじめや排外主義に結びつけない工夫にはどのようなものがあるのだろうか。平凡なようだ

が、青年期以前の発達段階で、人格の土台をつくっておくことはその一つである。人や社会全体への基本的信頼感を形成し、自律の感覚、積極性、勤勉性の感覚を得ておくことが、後の困難に対処する土台となるのである。

【引用文献】

1) Marcia, J. E., Development and validation of ego identity status. *Journal of Personality and Social Psychology*, 3, 1966, pp. 551-558
2) Marcia, J. E., Identity in adolescence, In Adelson, J. (Ed.), *Handbook of Adolescent Psychology*, Wiley, 1980.
3) Erikson, E. H., *Identity: Youth and Crisis*, W. W. Norton & Co., Inc., 1968. (岩瀬庸理訳『アイデンティティ―青年と危機』金沢文庫　1982年)
4) 小此木啓吾『モラトリアム人間の時代』中央公論新社　1978年
5) 笠原嘉『退却神経症―無気力・無関心・無快楽の克服』講談社　1988年
6) 小此木啓吾『こころの進化』CBS・ソニー出版　1982年
7) 土井隆義『キャラ化する／される子どもたち―排除型社会における新たな人間像』岩波書店　2009年
8) 同上書　pp. 23-24
9) Lyotard, J. F., *La condition postmoderne*, Editions de Minuit, 1972. (小林康夫訳『ポスト・モダンの条件―知・社会・言語ゲーム』水声社　1989年)
10) Feyerabend, P. K., *Against Method; first edition*, New Left Books, 1975. (村上陽一郎・渡辺博訳『方法への挑戦―科学的創造と知のアナーキズム』新曜社　1981年)
11) Kuhn, T. S., *The Structure of Scientific Revolutions*, University of Chicago Press, 1962. (中山茂訳『科学革命の構造』みすず書房　1971年)
12) Brannigan A., *The Social Basis of Scientific Discoveries*, Cambridge University Press, 1981. (村上陽一郎・大谷隆昶訳『科学的発見の現象学』紀伊國屋書店　1984年)
13) メドウズ, D. H. (大来佐武郎訳『成長の限界』ダイヤモンド社　1972年)
14) 国税庁『民間給与実態統計調査』長期時系列データより、表3-1「1年勤続者・1年未満勤続者の給与所得者数・給与額・税額」　数値は「1年間連続して勤務した者の平均給与」
http://www.nta.go.jp/kohyo/tokei/kokuzeicho/jikeiretsu/01_02.htm（2013年2月25日閲覧）
15)「生活意識に関するアンケート調査」は、日本銀行が1993（平成5）年以降、全国の満20歳以上の個人から、層化二段無作為抽出法によって抽出された4,000人を対象に、年1-4回行っているもの。
http://www.boj.or.jp/research/o_survey/（2013年2月25日閲覧）
16) 独立行政法人労働政策研究・研修機構『平成21年度　日本人の就業実態に関する総合調査　第1分冊』p. 26

http://www.jil.go.jp/institute/research/2011/documents/089-1.pdf（2013年2月25日閲覧）
17）建設省建設政策研究センター『PRCNOTE 第6号　日本人の意識の変化と将来の方向』1993年8月　p.23
18）総務省「労働力調査」長期時系列データより年齢階級、雇用形態別雇用者数（表9）
http://www.stat.go.jp/data/roudou/longtime/03roudou.htm（2013年2月25日閲覧）
19）日本銀行『第51回　生活意識に関するアンケート調査』2012年
http://www.boj.or.jp/research/o_survey/ishiki1210.pdf（2013年2月25日閲覧）
20）国家戦略室　国家戦略フロンティア分科会『繁栄のフロンティア部会報告書』2012年
http://www.npu.go.jp/policy/policy09/pdf/20120706/hokoku2.pdf（2013年2月25日閲覧）
21）河村智洋　「新しいメディアの出現によって変化する『友達』とのコミュニケーション」内閣府『第4回情報化社会と青少年に関する意識調査報告書』2002年
http://www8.cao.go.jp/youth/kenkyu/jouhou4/html/html/3-4.html（2013年2月25日閲覧）
22）内閣府『青少年のインターネット利用環境実態調査』2011年
http://www8.cao.go.jp/youth/youth-harm/chousa/h23/net-jittai/pdf-index.html（2013年2月25日閲覧）
23）YAHOO!JAPAN「ひとつのIDで7人の自分になる」
http://event.yahoo.co.jp/7nn/（2013年2月25日閲覧）
24）Morse, S., Gergen, K. J., Social comparison, self-consistency, and the concept of self., *Journal of Personality and Social Psychology*, Vol16（1）, 1970, pp.148-156.

コラム 携帯メールをめぐる身体感覚の世代間ギャップ

　中学生や高校生が「携帯電話に着信するメールが少ない」とか「登録アドレスが少ない」などということを気に病んでいると聞いても、40代の筆者はピンと来ない。筆者にとって、メールは急な遅刻や欠席の連絡を伝える「情報伝達の手段」でしかなく、メール着信がないということは、用事がないという以上のことを意味しないからだ。

　しかし、子どもや若者は、携帯電話でのやりとりにもっと多くの意味をもたせている。まずは、2001（平成13）年に内閣府によって行われた調査[1]によって明らかになった、青少年とその親世代の携帯電話・PHSの文字通信機能（メールなど）の使用頻度を紹介しよう。

　携帯電話のメールについていえば、親世代の半数近く（45.9％）がメール機能を使わず、メール機能を使う人も「月に数回（9.2％）」「週に数回（12.9％）」「1日に1～2回（12.4％）」「1日3～5回（10.1％）」「1日5～10回（3.8％）」「1日10回以上（3.1％）」という分布であるのに対し、「12～14歳」「15～17歳」「18～22歳」という青年期前半の青少年は、「1日5～10回」「1日10回以上」という上位2カテゴリーに回答者の50％以上が含まれるという[2]。

　河村は、「携帯電話を使ったモバイルインターネットによる、『いつでも』、『どこでも』オンライン」な状態が生じ、携帯電話のメールによるコミュニケーションが情緒的つながりを確認する手段になっていると述べる[2]。メール内容が「おはよう。起きた？」といった類の、情報としてはあまり意味のないメールではあっても、メールの送信者が自分に関心をもってくれていることは確認できる。そして、自分もまた相手に関心をもっていることを伝えるメッセージを絵文字とともに返すのだ。そのような世界にあって、メール着信が少ないことは、自分は友だちの間での人望がないという解釈につながり、不安や寂しいという身体感覚を生じさせるのである。調査から10年以上を経た今、こういった現象は、SNSを用いたコミュニケーションにも拡大しているのではないだろうか。

【引用文献】
1）内閣府『第4回情報化社会と青少年に関する調査報告書』2002年
　http://www8.cao.go.jp/youth/kenkyu/jouhou4/pdf_z/0-1.html（2013年2月25日閲覧）
2）河村智洋「新しいメディアの出現によって変化する『友達』とのコミュニケーション」同上報告書1）2002年
　http://www8.cao.go.jp/youth/kenkyu/jouhou4/html/html/3-4.html（2013年2月25日閲覧）

第3章

「母子健康手帳」制度の変遷と日本の親子

● 本章のねらい ●

　本章のねらいは、子産み・子育てという行為が医療や行政との関係を築いていく過程に着目し、その関係性の構築が母子の生命や生活を保護する一方で、日本の子育て法や親子関係にいかなる影響を与えたかを明らかにすることにある。具体的には、1942（昭和17）年に登場した「妊産婦手帳」が今日の「母子健康手帳」に至るまでの間に、その目的や記載内容をどのように変えてきたかを確認する作業を通して、私たちが今、子育てにおいて当然視していたり、重要視していたりすることが、時代の移り変わりの中で生み出されてきたものに過ぎないことを指摘する。

　現在、「母子保健法」では、妊娠をした者は速やかに市町村長に対して妊娠の届け出をしなければならないこと（第15条）、市町村は、妊娠の届け出をした者に対して「母子健康手帳」を交付しなければならないこと（第16条）が定められている。「母子健康手帳」とは、妊娠、出産、育児に関する記録帳であり、手帳には妊娠中の状況、出産時や産後の母体の経過、乳幼児から6歳になるまでの成長の過程や保健指導、健康診査の結果等について、本人や保護者、医師、保健師等が記録できるようになっている。また、後に必要事項を記入することで予防接種済証に代えることが認められている[1]。

　この「母子健康手帳」の原型は、第二次世界大戦中の1942（昭和17）年に登場した「妊産婦手帳」にみることができる。「妊産婦手帳」はその後、1948（昭和23）年には「母子手帳」、さらに1966（昭和41）年には「母子健康手帳」へと改称され、その内容を変えてきているのだが、それらは何を目的にし、何を人々に伝えたのだろうか。

　本章では記述の大半を過去のことが占める。しかし、私たちが生きる家族や社会はこうした過去の延長線上にある。過去を知る作業を通して、現代の問題を浮かび上がらせることができるだろう。

1. 医療化される出産と「妊産婦手帳」

（1） 出産場所の変化

　図3-1は、1950年以降の日本で、子どもが生まれる場所がどのように変化してきたかを示している。いまから約60年前、1950（昭和25）年に95.4％の出産は自宅で行われ、病院での出産は2.9％、診療所での出産は1.1％だった。しかし、1960（昭和35）年には、自宅での出産が約半数（49.9％）になり、病院での出産24.1％、診療所での出産が17.5％にまで増加した。その5年後、1965（昭和40）年には、病院36.8％、診療所34.3％、助産所12.9％、自宅16.0％と4か所に分散したものの、その後は自宅と助産所での出産が占める割合が急速に低下し、2010（平成22）年には、病院（51.8％）と診療所（47.1％）の割合を足しあげると全体の98.9％に達する。

図3-1　出生場所別出生割合の年次推移

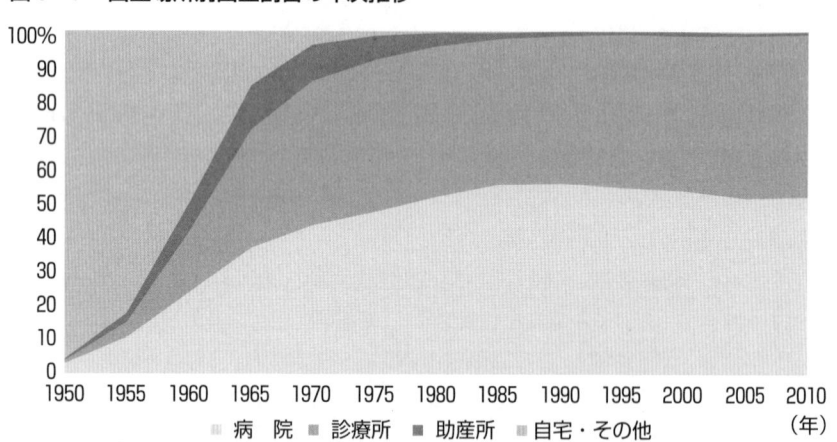

注：診療所とは入院施設がないか19床以下の医療機関であり、病院とは20床以上の医療機関である。助産所は開業助産師による分娩施設を指す。
資料：厚生労働省「人口動態統計」

医師が不在で、医療機器もない自宅での出産はリスクをともなう。30年ほどの間に出産場所が大きく変化し、出産が医療の管理下で行われるようになったことは、出産時のリスクの回避や低減につながった。実際、自宅出産が大半を占めた1950（昭和25）年において、新生児死亡率（生後28日未満で亡くなる子どもの割合。出生1000あたり）は27.4、すなわち、100人中3人近い子どもが生まれて1か月経たずに命を落としていたことになる。また、妊産婦死亡率（妊娠や出産が原因で、妊娠中や出産後42日未満に亡くなる女性の割合[*1]。出生10万あたり）は176.1で、その実数は年間4,000人を超えていた。しかし、自宅出産が1％を下回り、病院や診療所での出産が95％以上を占めるようになった1980（昭和55）年には、新生児死亡率は4.9、妊産婦死亡率は20.5に低下し、年間の妊産婦死亡数も323人まで減少した（本章コラム参照）。

　医療が扱う対象や介入する領域を拡大していく傾向を医療化という。出産場所の変化を示した図3-1は、出産の医療化の一面を表す資料といえるが、かつて妊婦が一人で、あるいは家族や近隣の出産経験者の介助のもとで行った出産に、明治後期から、産科学の教育を受けた産婆（現在の助産師）が介入することになったという変化も出産の医療化と捉えることができるだろう。つまり、出産の医療化がいつ進行したかは、出産場所の変化のみならず、出産の介助者や介助内容の変化、さらには出産に対する当事者および周囲の者の意識の変化など、多面的に検討し判断される必要がある。以下では、出産場所が劇的に変化しはじめる少し前、1940年代に、妊婦が医師による診察を受けることを推奨する制度がどのようにしてつくられたかに注目しよう。

（2）「妊産婦手帳」誕生の時代背景

　1942（昭和17）年に「妊産婦手帳規程」が発足し、妊娠の届出と「妊産婦手帳」制度が開始された。

[*1] 妊産婦死亡とは、正確には次のように説明される。妊娠の期間及び部位に関係なく、妊娠またはその管理に関連した、あるいはそれらによって悪化したすべての原因による妊娠中または分娩後42日未満における女性の死亡をいい、不慮のまたは予期せぬ偶然の原因による死亡は含まない。

「妊産婦手帳」を考案したのは、産婦人科医であり、1938（昭和13）年から翌年にかけて文部省（現在の文部科学省）在外研究員としてドイツ留学をしていた瀬木三雄という人物である。日本に厚生省（現在の厚生労働省、以下、省庁名についてはそのまま表記するか、（当時）と表記）が設置されたのは1938（昭和13）年1月である。創設当時の厚生省に存在した体力局施設課は、1940（昭和15）年に開催予定だったオリンピックを担当することになっていた。しかし、日中戦争の影響でオリンピックは中止になり、この課の本来の所管内容が流失状態に至ったため、ここで母子衛生行政が発足することになった[2]。その発足に合わせて、海外の母子衛生に関する事業施策の視察を命じられたドイツ留学中の瀬木は、ドイツのハンブルグの大学産婦人科において使用されていた「ムッターパス」（妊婦健康記録自己携行制度）に着想を得て、帰国後に「妊産婦手帳」を作成した。

　「妊産婦手帳」制度のあらましは、以下のとおりである。妊娠に気づいた女性は医師または助産師[*2]にその確認を依頼し、妊娠が認められた場合には、妊娠届出用紙に分娩予定日、妊娠月数、診察した医師・助産師の住所氏名を記入してもらい、役所へ提出する。その提出と引き換えに「妊産婦手帳」が交付される[3]。

　瀬木は、後日、「妊産婦手帳」制度の目的について以下のように述べている。

※※※※※※※※※※

　当時（＝1940年代　筆者注）においても、妊娠中毒症は最大の課題であり、次いで妊婦梅毒、淋疾、結核、胎位異常、未熟児なども重要な問題であった。届出制の最大のねらいは、妊婦がこの時点において、医学の領域に接触する、迎え入れられるという事にある。妊娠すれば妊娠証明を入手、その届出によって手帳を受け取るという事が習慣となる。一手帳の個々の内容事項の問題よりも、より大きな目に見えぬ目標がここにある。発達した医学が存在していても、それが妊婦と無縁のものであっては効果がない。この縁組をはかるのがこの制度の最大の眼目である[4]。

※※※※※※※※※※

---

　*2　助産行為を行う者について、戦前は「産婆」と呼んでいたが、法改正により、1948（昭和23）年には「助産婦」、2002（平成14）年には「助産師」とその名称が改められている。

この瀬木の文章が端的に示すとおり、「妊産婦手帳」に課せられた役割は、妊婦と医学の「縁組」、すなわち、妊娠・出産の医療化にあったといえる。
　さて、「妊産婦手帳」に記載された「妊産婦の心得」10項目の最初の文言は、「丈夫な子は丈夫な母から生れます。妊娠中の養生に心掛けて、立派な子を産みお国につくしましょう」（原文はカタカナ表記、傍点筆者）である。厚生省児童家庭局母子衛生課（当時）が「母子健康手帳」制度創設50周年を機に出版した書籍『日本の母子健康手帳』のなかでも、次のような記述がある。

　　　　　　　　※※※※※※※※※※

　当時においても新規予算が大蔵省を通ることはなかなか困難であった。それにもかかわらず、妊産婦手帳及び妊婦の届け出制度が2年目にして認められたことの裏には、戦時体制下の"産めよ、殖やせよ"という国策が後押しをしたことは事実である[5]。

　　　　　　　　※※※※※※※※※※

　瀬木の後輩で「母子手帳」に関する研究を行った本多洋も「妊産婦の心得」の第1項は「まさに、この手帳の出発点が国家としての人口増強政策に由来したことを端的に示すものである」[6]と述べている。
　「妊産婦手帳」制度が開始された1942（昭和17）年頃の日本社会は、まさに戦時体制下にあり、人口の増加、国民の体力向上が国防の目的に資すると考えられていた時代であった。そして、そのための施策、法律の整備がさまざまに行われていた[*3]。前述のとおり、「妊産婦手帳」制度は、妊産婦の健康保持増進のために考案されたものではあるが、しかし、「富国強兵」「健民健兵」「産

---

*3　たとえば、1938（昭和13）年には「国家総動員法」が制定され、国の施策として「健兵健民政策」が進められることになった。また、1940（昭和15）年には「国民体力法」や「国民優生法」が制定された。「国民体力法」は当初、7〜19歳の男子に対する体力検査や保健指導の実施を定めていたが、1942（昭和17）年には体力検査の対象範囲を乳幼児にまで拡大した。「国民優生法」では、遺伝性疾患をもつ者に対する優生手術と人工妊娠中絶の制限が定められた。さらには、1941（昭和16）年「人口政策確立要綱」が閣議決定され、出生増加のための方策として、妊産婦や乳児の保護制度の確立がうたわれた。

めよ、殖やせよ」というスローガンに象徴されるような、国力増進という国家施策の後立てを得て実施されたものといえる[7]。

（3）「妊産婦手帳」の形式とその役割

「妊産婦手帳」は、表紙、妊産婦の心得、妊産婦・新生児健康状態欄、分娩記事欄、必要記事欄、出産申告書という6つから構成されていた。大きさは現在の「母子健康手帳」と同じ大きさだが、形状は4つ折り1枚のみ、全8頁というコンパクトなものだった。

「妊産婦手帳」は「妊産婦手帳規程」に基づいて交付される。全10条からなる「妊産婦手帳規程」には、「妊娠した者の届出を義務づけ、その者に妊産婦手帳を交付すること」（第1条）、「妊産婦はできるだけ保健所、医師、助産婦又は保健婦による保健指導を受けること」（第7条）のほか、第9条には「妊産婦手帳は、妊娠、育児に関し必要な物資の配給その他妊産婦及び乳幼児保護のため必要のある場合にこれを使用されること」とある（原文はいずれも旧字、カタカナ表記）。

「妊産婦手帳」をもつ妊産婦には、妊娠や育児に関して必要な物資が支給された。「妊産婦手帳」のなかの必要記事欄が物資配給の記入欄となり、お米の増配が行われたほか、特別配給物資には、出産用の脱脂綿、腹帯用の木綿のほか、牛乳や砂糖、カステラ、石けん、おしめカバー、乳幼児衣料などもあったという[8]。戦時中の物資の乏しい折に、このような物資が特別に支給されたことは、「妊産婦手帳」普及の最大の要因となったに違いない。瀬木もまたこの点について、次のように回顧している。

※※※※※※※※※※※

手帳の背景にある医学上の意義の理解困難な一般の人々にとってはむしろこの点がありがたがられ、またこの理由によって戦いの年を通じて1年の休みもなく行政として継続してきた。昭和20年敗戦直後その予算継続がもっとも困難な状況に至ったが、大蔵省との徹夜の交渉で21年度においてもそれが生き残った主な理由

は、当時において牛乳などの配給のための意義が大きかったことにある[9]。

　　　　　　　❖❖❖❖❖❖❖❖❖

　1942（昭和17）～1945（昭和20）年は戦争の只中にあったわけだが、瀬木の記録によればこの時期の「妊産婦手帳」の普及率は、実に、全妊婦の70％以上に達していたという[10]。妊娠した女性が医師の診察を受け、その後、医師を含めた専門職者から指導を受けることによって、以前であれば助からなかった命が助かるようになる。これが望ましい変化であることに疑う余地はないが、その制度の背後にある国家の意図には注意深くあらねばならない。

2．「妊産婦手帳」から「母子手帳」へ

（1）「母子手帳」誕生の時代背景

　1945（昭和20）年に戦争は終結したが、戦争の混乱によって生み出された孤児、浮浪児の存在が社会問題化し、1947（昭和22）年、厚生省（当時）に新たに児童局が設置された。その児童局におかれた母子衛生課の初代課長に「妊産婦手帳」考案者の瀬木が就任し、同課が「妊産婦手帳」制度を主管することになった。

　同じく1947（昭和22）年には「児童福祉法」が制定された。「児童福祉法」の基本理念は、「すべて国民は、児童が心身ともに健やかに生まれ、且つ、育成されるよう努めなければならない」「すべて児童は、ひとしくその生活を保障され、愛護されなければならない」という第1条の文言に集約されている。

　「児童福祉法」の案文作成にも関与した瀬木は、「昭和22年、私が厚生省母子衛生課長のとき、このシステムを子供の方にエクステンションすることを考え、児童福祉法によって『母子手帳』と改名した」[11]と述べている。つまり、「児童福祉法」の理念のもとに、妊産婦の健康だけでなく「母と子」双方の健康を守るという目的で、1948（昭和23）年に「妊産婦手帳」から「母子手帳」へと

名称が改められたのである*4。お腹の子どもが双子の場合、「妊産婦手帳」時代には母親に対して1冊交付されていたが、しかし「母子手帳」になってからは子どもの数に合わせて（双子ならば2冊）交付されるようになった。「妊産婦手帳」の目的が妊婦の健康増進にあったのに対し、「母子手帳」の目的は母子の保護、保健指導にあったといえる[12]。

（2）「母子手帳」の形式とその役割

「母子手帳」は全24頁にわたり、名実ともに手帳としての体裁を整えた。当初、「母子手帳」は、表紙・出生届出済証明・妊婦の記事・出産申告書・お産の記事・産後の母の健康状態・子どもの記事・乳児の健康状態・学校へ行くまでの幼児の健康状態・配給の記事・乳幼児発育平均値（グラフ）・母子手帳について、という内容で構成されたが、その後、複数回にわたって様式が改正された。

第1回目の改正（1950年）時には、妊娠中の健康状態の記載欄が妊娠前期と後期に二分され、「育児の心得」に関する頁が新設された。親しみやすさをもたせるために表紙にイラストを配するなどの変更も行われた。第2回目の改正（1953年）時には、「児童憲章」（1951年公布）が全文掲載されたり、予防接種について具体的な予防接種名を挙げて、接種時期ごとに記載欄が用意されたりした一方で、従来あった出産申告書と配給欄が削除された[13]。

数回の様式の改正を経て、「母子手帳」は、「母と子の手帳としてバランスの取れたものとなり、妊産婦の心得、育児の心得の充実等、母子保健思想の普及の一翼を担うものとなった」[14]と評価されるが、小柳康子は「母子手帳」を別の角度から検討している。

＊4　ほかに、妊産婦の歯科衛生に関する欄、「育児の心得」のさらなる充実、新生児に関する記事を新設したこと、乳幼児について段階（3か月、6か月、1歳、2歳、3歳、4歳、5歳、小学校前）ごとに健康状態の記載頁を新設したこと、乳幼児の発育についてグラフとともに、精神運動機能の平均的な発達状況を月齢ごとに示したことなどがあげられる。

小柳によれば、「母子手帳」の普及は、当時、育児法のスタンダード、すなわち「正しい育児の知識」とは何かを提示する役割を担ったと指摘する。「母子手帳」に記載された「育児の心得」の冒頭には、「愛情と正しい知識をもってこどもを育てることが大切です。母親も父親も祖父母も、家族の人達がみんな気を揃えて育てましょう。正しい育児の知識を得るためには、保健所に相談したり、医師や保健婦に聞いたり、本を読んだりしましょう」（傍点筆者）と記されている。つまり、「正しい育児の知識」とは、医師や保健婦といった専門家や育児書の説く科学的垂直的な知識を指していたことがわかる[15]。

　加えて、「育児の心得」の中では、「そいねのくせは、母子ともに安眠できませんからやめましょう。ひとりでねるくせをつけると、目が覚めても、一人でよく遊んでいるようになります」と添い寝を禁止したり、「大体きまった時間に十分にお乳を飲ませましょう。その間に泣いたら、お湯か番茶を与えることはよいことです」と規則的な授乳を奨励したり、「こどもが泣いたら、よく原因を確かめましょう。泣いたからといって、すぐお乳を与えたり、抱いたり、おぶったりするのはよくないことです」と抱き癖に関する注意喚起をしたりしている。これらは、規律性を重視した育児を望ましいとするアメリカの影響を受けたものであり、日本の伝統的な育児法とは一線を画すものであったと小柳はいう[16]。

　日本の伝統的な育児法とはどのようなものであったのだろうか。かつて、ルース・ベネディクトは著書『菊と刀』（1946年）の中で、空腹のためであろうと、単に甘えているためであろうと、赤ん坊が欲しがるときにはいつでも授乳をする日本と、生まれてすぐに一定の授乳のスケジュールを決定し、それ以外の時間帯には一切授乳をしないアメリカとを対比した。日本の伝統的な子育ては、欧米と比べて、子どもの欲求に応じようとする寛容さを有していたという指摘がある[17]。

　しかし、『〈子育て法〉革命』を著した品田知美の見解は異なっている。品田は「昭和期の大半をとおして、広くおこなわれていた『風習の子育て』とは、労働のかたわらに行うものだった」[18]と述べる。規則的授乳の習慣はなかったが、家業において重要な働き手であった母親に「子が泣けば飲ませる」自由は

なく、住まいが狭小であるがゆえに添い寝をし、両手を使って働くためにおんぶをしたのである。

　そうした日本の子育て法が、子どもの命を危険にさらしてもいた。不規則な授乳が子どもの消化不良を引き起こしたり、添い寝が生後間もない子どもを窒息死させたり、長時間のおんぶが子どもの呼吸を妨げ、内臓を圧迫したり骨格を歪めたりしたという[19]。すでに1930年頃から雑誌などの紙面上で専門家がその危険性を指摘し、「科学的な子育て」が推奨されはじめており、「母子手帳」に記載された子育て法は、その「科学的な子育て」と軌を一にするものであった。しかし、再度「母子手帳」の文言を見直してみると、たとえば添い寝は、窒息死の危険性のためではなく、安眠を妨げるために避けた方が良いと書かれている。小柳の指摘どおり、ここにアメリカの影響を垣間見ることができよう。

　1970年代までの日本の子育ては、「風習の子育て」と「科学的な子育て」の二重基準が存在したと品田が主張する[20]ように、「母子手帳」が「科学的な子育て」を推奨したところで、それがすぐさま日本社会に浸透したとは考え難い。しかしながら、本章冒頭に確認したように、1950年以降、30年ほどの間に、出産場所は病院・診療所へと移されていく。医師や専門家の指導のもと、「母子手帳」に記載された乳幼児発育平均値（グラフ）とわが子の発達を比較しながら、親は子育てをするようになっていくのである。

3．「母子手帳」から「母子健康手帳」へ

（1）「母子健康手帳」誕生の時代背景

　戦後から1960年代半ばまでに日本の母子保健の水準は向上したが、依然として満足すべき水準ではなかった。とりわけ妊産婦死亡率の変化は緩慢で、欧米諸国に比べても高率を示していた。また、乳児死亡率も妊産婦死亡率も、都市と農山漁村との地域的な格差が大きいことが問題視されていた。

　このような状況下にあって、中央児童福祉審議会は、婚前から妊娠・分娩、

そして生まれた子どもが乳幼児期に至るまでの一貫した母子保健指導の体系化と内容充実を図るため、単独法としての「母子保健法」の制定を提言した。1965（昭和40）年、「児童福祉法」から「母子保健法」が独立し、その第16条に基づいて、翌年、「母子手帳」に代わり「母子健康手帳」が交付された。

（２）「母子健康手帳」の形式とその役割

　「母子手帳」時代に36頁にまで増していた頁数は、「母子健康手帳」になって46頁になった。頁数はその後も増えて、現在ではおよそ100頁である。「母子健康手帳」は概ね10年ごとに内容の改正を行ってきた[*5]。

　1970年代には、子どもの成長発育過程に沿った具体的な設問を「保護者の記録」として新設したほか、身体発育値について従来の平均値の使用からパーセンタイル値の使用へと変更した[*6]。1980年代には、先天性代謝異常検査や１歳６か月健康診査の項目が追加され、また90年代には「保護者の記録」において子どもの精神発達や運動発達に関する質問がさらに増設された。1976（昭和51）年の改正以来、「母子健康手帳」は、子どもの障害の早期発見という役割を期待されてきたといえる。

　また、1997（平成９）年の改正時に「保護者の記録」の中で、分娩後の精神状態をチェックするための質問[*7]が設けられた事実は、この頃から母親の育児不安や虐待といった問題にどう対応するかという視点が重要になったことを示唆している。2002（平成14）年には、保護者の育児不安を煽ることがないように、離乳の状況や乳幼児身体発達曲線に幅をもたせたこと、子ども虐待の防止のため、子育て支援のための記述を充実させたこと、父親の育児参加を促すた

[*5] 細かな改訂を含めて数え上げれば改訂回数は18回にものぼるが、大幅に改訂された年は、1976（昭和51）年、1992（平成４）年、2002（平成14）年、2012（平成24）年の４回である。

[*6] 10％曲線と90％曲線を描くことでつくられる帯状の範囲に８割の子どもが入っていることを意味する。

[*7] 質問文は、「気分が沈んだり涙もろくなったり、何もやる気になれないといったことがありますか」。

めの記述を追加したこと、働く女性のための出産・育児に関する制度の解説を充実させたこと、などの変更が行われた。

そして、2012（平成24）年から配布される「母子健康手帳」には、晩産化の進行を背景に、妊娠・分娩のリスクに関する情報が追記され、妊婦健康診査の記録欄、とくに妊婦自身による自由記載欄が拡充された。また、成長発達の確認項目の一部について、達成時期を記載する形式に改められた。たとえば、「寝返りをしましたか」ではなく「寝返りをしたのはいつですか」という表現になったのだが、この変更はその時期の特定が重視されるようになったためではなく、子どもの成長について「できる」「できない」という回答形式は、発達が遅れがちな子どもをもつ保護者の不安を増幅させる可能性があるためである。予防接種欄も一層充実した内容になり、また、難病の早期発見のための工夫も施された。いずれも今日的な課題に応じた変更であり、以前と比較すれば、さまざまな状況にある人々への配慮がなされるようになったといえるだろう。

（3）「母子健康手帳」副読本の配付

「母子手帳」が「母子健康手帳」に変更される前年の1964（昭和39）年から現在まで、「母子健康手帳」の副読本が「母子健康手帳」とセットで配付されている。「母子健康手帳」がメディカル・レコードとしての機能を強化する一方で、日々、携帯することを考えた場合、そこに含められる情報量には限界がある。そこで育児法についての詳細な記述は、副読本へと移行されたものと考えられる。

この副読本に記載される育児法の変化を詳細に分析した品田によれば、「1960年代の発行当初の副読本の内容は、どちらかといえばスポックの育児書の記述に近く、1985年に大改訂されて以降は、松田の育児書の主張に近いものになっている」[21]という。ここで品田がいう「スポックの育児書」とは、日本では1966（昭和41）年に翻訳が出版された『スポック博士の育児書』（アメリカでの初版は1945年）であり、「松田の育児書」とは、1967（昭和42）年に出版された小児科医の松田道雄による『育児の百科』を指す。

『スポック博士の育児書』は、たとえば、1914年にアメリカ政府が創刊した育児書『インファント・ケア』などで示される厳格で規則的な育児法に比べると、かなり寛容的な立場にたつ育児書であった。とはいえ、他のアメリカの育児書との比較、あるいは松田など日本人が著す育児書との比較においては、やはり、厳格で規則的な育児法をアドバイスしている。たとえば、添い寝については「ベッドは最初から別にすること。6か月頃までには別の部屋にすること」を勧めていたし、授乳については、「赤ちゃんの個性に配慮しつつも、親が特定のスケジュールに誘導すべきだ」とした。抱き癖については、「3カ月を過ぎたら抱きぐせに注意」としていたのである。

一方、松田の育児論は、科学的育児法の紹介であるとともに、日本の伝統的育児の中に存在した合理性の再発見に努めようとするものであった。松田はその著書の中で、添い寝について、「3カ月頃までは危険」としながらも「それ以降であれば、日本の住宅事情と風習からいって良い方法」と述べている。授乳については、「授乳時間にこだわらなくてよい」と述べ、抱き癖については「泣かせるよりは、抱き上げるほうがいい」としている。

さて、1964（昭和39）年から1984（昭和59）年までの「母子健康手帳」の副読本では、添い寝については、たとえば「息が止まる危険あり。ひとり寝の習慣を」と記し、授乳については、たとえば「泣けばすわせるのはいけない」と記述している。また、抱き癖については、たとえば「あやしすぎてはいけない」（1964年）、あるいは「3、4カ月以上の赤ちゃんを、やたらに抱いて抱きぐせをつけると、これからの育児にお母さんが苦労」（1968年）と記載している[22]。

そうした記載内容が1985（昭和60）年の副読本改訂の際、大幅に書き換えられたという。添い寝については「母と子のスキンシップの機会にもなるので良いこと」（1985年）、授乳については「授乳時間にこだわらなくてよい」（1987年）となり、抱き癖については「抱きぐせが就くのではないかという心配よりも、スキンシップが足りないためにおこる弊害の方が重大」という表現になった[23]。副読本の記述内容の比較を通して、品田は次のように考察している。少し長いが、引用しよう。

❖❖❖❖❖❖❖❖❖

　副読本の記述における親から子へという主体の権利委譲とは、スポックから松田への移行ともみなせる。スポックは、(母)親と子どもの調整地点をどこに置くか、という具体的な場所を育児書で提示しようとしたが、最終的な判断主体は親としていた。他方、松田の視点には、母親が子どもと対立する欲求を持つ可能性があるという想定がない。母親は、子どもと一体化した主体であって、最も重視されるべき立場は子どもである。(中略)松田は家父長としての父親や祖父にあった権利を、母親と子の権利へと移行させるべきだと主張していた。この主張は広く受け入れられていった。だが、彼には母と子が別の主体としてはみえていなかったのではないか[24]。

❖❖❖❖❖❖❖❖❖

　女性の雇用労働者化が進み、「母子健康手帳」に子育て支援に関する情報が記載されるようになり、松田のような「母子を一体」とする見方はいくぶん影をひそめたと思われる。しかし、最も新しい副読本(2012年度版)においても、授乳については、「生後1〜2か月ごろまでは、時間や量にこだわらず、赤ちゃんが欲しがるときに欲しがるだけ吸わせてください」(傍点筆者)、抱き癖については「泣くたびに抱いていたら『抱きぐせ』がつくのでは、と心配する人もいるようです。けれど、抱くことで泣きやむのであれば、どんどん抱いてあげましょう」(傍点筆者)と記されており、やはり子育ては「親主体」というより「子ども主体」である。(母)親は、どこまで子どもの欲求に応じるべきなのだろうか。そして、それはいつまで——子どもが何歳になるまで、続くのか。

4. これからの「母子健康手帳」
—子どもの主体的な育ちのために—

（1） 家庭における子育てと子どもの「主体性」

　子どもを産み、育てるという営みは、一見、原始的で動物的で、いつの時代も変わらないかのように思われるが、実のところ、それをどのように行い、何に重きを置くかは、時代によって異なっている。

　「妊産婦手帳」時代に、妊娠・出産は医療と行政に結びつけられるようになった。それ以前においては助からなかった命が助かるようになる、ということはもちろん喜ぶべきことに違いない。しかし、その一方で、人々は医学的データの集積によって描かれる子どもの成長曲線の正常範囲から外れることを怖れるようになり、祖父母が語る育児法の信頼度は地に落ちて、医師の言葉に耳を傾けるようになった。「妊産婦手帳」制度確立の背景には、国家の人口政策が存在した。今日の子育てにおいても行政のサポートは欠かせないものだが、国や行政の私的領域への過度な介入に人々は注意を払わなければならないだろう。

　「母子手帳」時代には、医師など専門家が伝える科学的な育児知識が正しい知識であるとされ、特に、アメリカ流の子育て法が「望ましい」育児法として紹介された。それ自体が日本にそのまま定着をすることはなかったが、品田の知見によれば、今日の子育てにより大きな影響を与えたのは、母子を一体のものとして捉え、子どもの欲求にはできるだけ応じるのが望ましいとする子育て観である。1980年代以降、子育ては「親主体」ではなく「子ども主体」になっているという。

　ここで、本書の主題である子どもの「主体性」について考えてみたい。なお、主体性とは、一般的に、自分の意志・判断で行動しようとする態度を指す。他者の言いなりになるのではなく、自分の考えを述べ、実践することである。

　「子ども主体」の子育ては、はたして、子どもの主体性を養うのだろうか。結論からいえば、その可能性は低いといえる。なぜならば、もし親が子どもの言いなりになっていたとしたら、子どもは自分の考えをあれこれと述べる必要

がない。親と意見が対立することもなく、ときには、子ども自身が考えて判断する前に、親が先回りをして「子どものために」やってくれるかもしれない。

それでは、子育てを完全に親主体にすべきか、というと、そういうことでもないだろう。自分の意志が全く反映されないなら、子どもが自らの意志を表明することに意味を感じなくなるからである。重要なことは、親と子が対話をすることなのではないか。

もちろん、言葉による対話は、子どもの一定の成長を待たなければならない。子どもが泣くことと表情でしか感情を伝えられない年齢である場合には、親がその感情を見極めてやる必要がある。親の見極めが見当違いなこともあるだろうが、筆者の個人的経験に基づけば、言葉による対話が難しい０～１歳の子どもの欲求はそれほど複雑ではない。生まれたばかりの子どもにも優れた能力が備わっていることが科学的に証明されてきてはいるが、示される欲求は意外とシンプルである。ただし、その感情表出はこちらの都合などお構いなしで、「待っていて」の言葉が通じない。その点で、この時期の「子ども主体」の子育ては身体的にも精神的にも大変さをともなうが、欲求を満たしてあげること自体は難しいことではないだろう。

問題は、子どもの欲求が複雑化して、その上、その欲求がすべて満たされることがないことを学ばなければならなくなってからである。自分の思いどおりではない事態に直面したときに、どう行動すべきか。欲求自体を統制するか、あるいは自分の意見を伝え、対話によって結論を変えるか。個人差はあるが、２歳前後になると、子ども同士で小さな衝突を繰り返しながらこうした場合の対処法を体得していく。

自分の欲求があるように、他者にも欲求があることを知り、その間でどうにか折り合いをつけていくのである。本稿では、主体性を「他者の言いなりになるのではなく、自分の考えを述べ、実践すること」と説明したが、他者の言い分をまったく無視して自分の考えを主張する人は、主体性のある人間ではなく、独善的な人間といわれるだろう。したがって、主体性のある人間は、他者の意見をふまえて、自分の考えを述べる必要がある。

自己の欲求と他者の欲求の対立は、子ども同士だとしばしば起きる。しかし、

親と子という関係性の場合、もちろん対立する事態は起きるだろうが、それにどう対処するかについては、親子ともに戸惑う。子どもは往々にして「親は譲ってくれるだろう」と思い込んでいるし、親のほうも「自分が我慢すべきではないか」と思っている。子どもと真正面から対立するなど、大人げないことのように感じられるし、子どもの欲求に応じないでいると「虐待」の2文字が頭をよぎる。現実には、子どもがかなり大きくなって、言葉による対話が可能になってからも、家庭での子育ては「子ども主体」になってはいないか。そこで、子どもの主体性は育っているだろうか。

(2) これからの「母子健康手帳」

2011（平成23）年の「母子健康手帳」様式の改正（施行は2012年4月）に向けて開かれた「母子健康手帳に関する検討会」において、「今後の母子健康手帳のあり方」が検討され、インターネット上でもその報告書を閲覧することができる。この検討会の結論をふまえて、前述のとおり、妊娠・分娩のリスクに関する情報の追記や妊婦自身による自由記載欄の拡充などが行われたのだが、今回、論点になっていながら改正に至らなかった事柄もある。それは、「母子健康手帳」の名称についてである。報告書の記載はこうである。

※※※※※※※※※※※

父親の育児参加を促すために親子健康手帳等への名称変更が有効との意見があったが、妊産婦及び乳幼児の健康の保持及び増進の重要性という観点から、母子健康手帳の名称は変更しないことが適当と考える。なお、父親の育児参加を促進するためには、父親にも記入しやすい欄を設ける等の工夫を行うことが望ましい[25]。

※※※※※※※※※

1992（平成4）年の「母子保健法」改正によって、「母子健康手帳」交付主体となった市町村は、地域の実情に合わせて「母子健康手帳」を作成することができるようになった。2010（平成22）年に民間の企業がプロジェクトを立ち

上げ、一般の人々からアイディアを募集して作成している「親子健康手帳」(新・母子手帳)は、2012(平成24)年4月時点で92自治体に使用されているという[26]。この「親子健康手帳」には、さまざまな工夫がなされているが、日々の出来事などの自由記入欄や子どもへのメッセージ欄の追加増量と子どもへのギフト機能[*8]が大きな特徴である。五十嵐世津子らが「今日では、少産少死の時代であることから、健康管理的な意味合いだけではなく、母にとっては妊娠・分娩記念、子にとっては、自分が生まれたことの証として記念品的意義があるのではないだろうか」[27]と述べているが、母子健康手帳に関する検討会でも、子どもに「母子健康手帳」を手渡すことの意義に言及している[*9]。

　母親であろうと父親であろうと、育児を通して学んだこと、うれしかったこと、悲しかったこと、困ったこと、悩んだことを「母子健康手帳」(それは個人の日記や保育手帳であっても良いが)に書き留めておき、それを少し成長した子どもに手渡すことはおもしろい試みである。なぜなら、「母子健康手帳」は、親ではない人が、親になっていくプロセスが記された資料であるからである。自分が生まれたときから「親」の顔をしているその人も、実は子育てに試行錯誤してきたのだと気づくことは、親に対する見方を変えるに違いない。親もまた、時折「母子健康手帳」を開いて、かつての自分や家族のメッセージを読み直す作業は、「命」を守り育てるという仕事を与えられた幸運に改めて感謝することになるのではないだろうか。新しい親子の対話が、そこから始まる可能性がある。

---

*8　通常の「母子健康手帳」は6歳まで記載できるが、この「親子健康手帳」では中学生以降の予防接種の記録も記載できるようになっている。

*9　母子健康手帳は、周産期の状況等世代間で共通する情報や予防接種の記録を含むことから、長期間保管するとともに、成人時に保護者から子どもに手渡すことも有意義である。

【引用文献】

1) 母子衛生研究会『わが国の母子保健(平成23年)』母子保健事業団　2011年　p.58
2) 瀬木三雄「日本における『母子衛生』の発達（No.1)」『産婦人科の世界』第9巻第1号　医学の世界社　1957年　p.195
3) 本多洋「母子健康手帳の変遷とその時代的意義について（その2)」『助産婦』第39号第2号日本助産婦会雑誌　1985年　p.5
4) 瀬木三雄「手帳保健制35年に際して　第1回母子衛生行政の胎生期」『産婦人科の世界』第29巻第4号　医学の世界社　1977年　pp.135-136
5) 厚生省児童家庭局母子衛生課編『日本の母子健康手帳』保健同人社　1991年　p.73
6) 前掲書3)　p.10
7) 五十嵐世津子・石﨑智子「『母子健康手帳』の歴史―『母子健康手帳』の変遷からみた社会的意義―」『弘前大学医療技術短期大学部紀要』第21号　弘前大学医療技術短期大学部　1997年　p.35
8) 前掲書3)　p.8
9) 瀬木三雄「母子健康手帳―30年のその歴史をかえりみて―」『産婦人科の世界』第24巻第6号　医学の世界社　1972年　p.77
10) 前掲書3)　p.7
11) 本多洋「母子健康手帳の変遷とその時代的意義について（その3)」『助産婦』第39号第3号日本助産婦会雑誌　1985年　p.6
12) 前掲書7)　p.35
13) 前掲書5)　p.83
14) 前掲書5)　p.83
15) 小柳康子「わが国における育児法のスタンダードの形成過程―母子健康手帳の変遷を通して―」『福岡大学研究部論集（B社会科学編)』福岡大学研究推進部　2011年　p.16
16) 同上書　pp.16-17
17) 恒吉僚子・ブーコックほか「第1章　人生のはじまり」恒吉僚子・S.ブーコック編著『育児の国際比較子どもと社会と親たち』日本放送出版協会　1997年　pp.30-31
18) 品田知美『〈子育て法〉革命親の主体性をとりもどす』中央公論新社　2004年　p.88
19) 同上書　pp.106-107
20) 同上書　pp.88-130
21) 品田知美「子育てをめぐる言説の変容―1964年-2001年母子健康手帳副読本を中心に―」『目白大学人間社会学部紀要』第3号目白大学人間社会学部　2003年　p.197
22) 同上書　p.205
23) 同上書　p.206
24) 前掲書18)　pp.76-77

25）厚生労働省「母子健康手帳に関する検討会報告書」(2011年11月4日)
　　http://www.mhlw.go.jp/stf/houdou/2r9852000001u2ad.html（2013年3月15日閲覧）
26）博報堂生活総合研究所（プロジェクト＃002日本の母子手帳を変えよう）
　　http://mamasnote.jp/newnote（2013年3月15日閲覧）
27）前掲書7）　pp. 37-38

コラム　乳児・新生児死亡率の推移

　下の図は、乳児死亡率と新生児死亡率の年次推移を表している。1899（明治32）年における乳児死亡率は153.8、新生児死亡率は77.9であり、この頃は、100人中15人の赤ちゃんが1歳になる前に命を落としていた。1918（大正7）年にスペイン風邪（インフルエンザ）が流行した年には、乳児死亡率は188.6、新生児死亡率は81.3にまで上昇したが、その後、乳児死亡率は1970年代半ばに、新生児死亡率は1960年代後半に1桁台まで低下した。2010（平成22）年の乳児死亡率は2.3（新生児死亡率は1.1）であり、アメリカ6.7（2006年）、イギリス5.0（2006年）、フランス3.6（2006年）、ドイツ3.9（2007年）などと比べても、とくに低い水準にある。

　私たちは「生まれた子どもは大抵の場合、元気に成長するだろう」ことを見込んでいるが、そうした環境が整ったのは今から50年ほど前のことである。

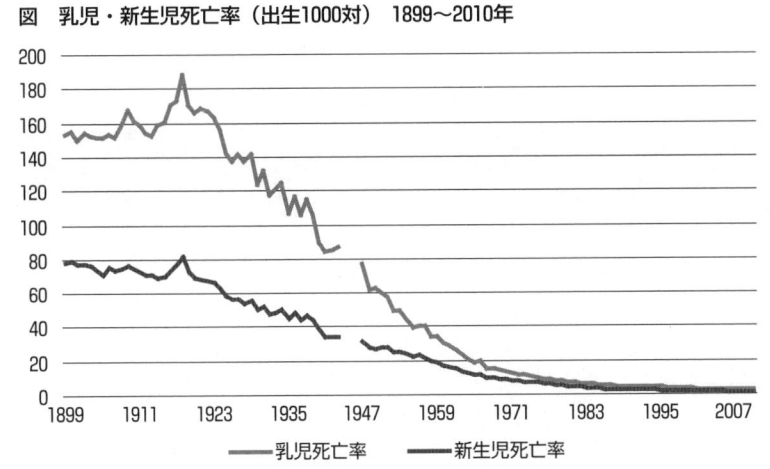

図　乳児・新生児死亡率（出生1000対）　1899～2010年

資料：厚生労働省「人口動態統計」

注：1944～72年は沖縄県を含まない。1944～46年は資料不備のため省略。乳児死亡とは「生後1年未満の死亡」を指し、新生児死亡とは「生後28日未満の死亡」を指す（ただし、1943年以前は1か月未満の死亡）。1943年の新生児死亡率のみ樺太を含む。

第4章

子どもが主体的に生きる保育の営み

● 本章のねらい ●

　本章の目的は、子どもが主体的に生きることとはどのようなことを意味し、その主体的に生きる子どもに対し、大人（主に保育者）はどのように考え、関わり、ともに生きていく姿勢を必要とされているのかを考えることである。

　子どもの支援の現状と課題を考える本書において、保育という子どもを支援する営みを捉えていくにあたっては、その保育環境における子どもと大人の関係性について考えることが、課題のひとつとしてあげられる。なぜなら、保育現場では、その環境下において常に「保育する」「教える」大人と「保育される」「教育される」子どもの立場に置かれる。この立場に置かれた大人は、ときに保育する・教えるという意味の捉え違いをしてしまい、子どもの主体性を奪いかねない存在にもなりうる。だからこそ、保育者は、常に子どもが主体に生きるとは何かについて考えながら、日々の職務を担う必要性がある。

　本章では、実際の保育現場の子どもと保育者の関わりの場面から、保育者がどのように子どもが主体的に生きることを尊重し、保育を営んでいるのかを取り上げながら、人と人とが学び合う関係の重要性について説いていきたい。

1. 子どもが主体的に生きるということ

（1） 子どもは生まれながらに「主体的に生きる」存在

　子どもは生まれた直後から主体的に生きている。ひとつの生命として誕生したとともに、自らの肺で呼吸をするため、泣くことでその機能を働かせはじめ、その後、泣くという行動は意思疎通の手段としての役割も担っていく。赤ちゃんは泣くことで、空腹感、排泄後の不快感、抱っこへの欲求等、さまざまなメッセージを養育者へ伝えていく。そして、自らの意思をもって他者への要求が伝えられるようになると、身体的な成長・発達もともないながら、自らが生きる上で必要な行動や手段も習得していく。この行動や手段は、思考の発達とともにさらに変化を遂げていくこととなる。たとえば、人間は常にモノとの関わりの中で、そのモノを使う手段を習得しながら生活している。昨日までは手づかみで食べていた子どもがスプーンというモノと出合い、主体的に持ちはじめ、その後の積み重ねで、どのように持って動かせばうまく口に運べるかを試行錯誤しながら、さらによりよい使い方を習得しているのである。もちろん、「生理的早産[*1]」[1)]といわれるように、赤ちゃんは自らのもち備える能力のみでは生活することは不可能であり、周りの大人の保護・援助・養育・保育・教育等の補助的な作用なくしては生きられない。この補助的な作用を与える大人との信頼関係を基盤とした生活環境があるからこそ、子どもは安心し、自発的・能動的な主体としてさらに自らの意思をもって生きていけるのである。

　まわりの人たちとの安定した人間関係のもとで自らの意思をもつようになると、子どもはさまざまな環境と関わりながら、その中で体験を積み重ね、成長・発達していく。自らが物的・人的環境に働きかけた結果、環境と相互に作用し合い、生み出された新しい出来事からさらに豊かな心情、意欲、態度を身につ

---

　*1　生理的早産とは、ポルトマンによって述べられた論説で、人間は生後1歳になって、真のほ乳類が生まれている発育状態にやっとたどりつくとして、生理的な現象として早期に生まれてしまっている状態にあるとした。

け、多くの能力を獲得していく。その能力を育むことによって、さらなる自発的・能動的姿勢が育まれていく。人間は誰しも、毎日の生活の中で日々新しい環境と出合い、その環境に興味・関心をもち、今日は「〜したい」「〜しよう」という内発的欲求から、自らが主体的に生きる力が生まれてくるのである。このような体験の繰り返しから、子どもは人間として生きる上で必要なことを一つずつ学んでいる。子どものこの内発的な学びは、人間が成長・発達していく上で、最も大切な基盤なのである。

（2） 子どもとともに生きる大人

　子どもが自立するまでの発達過程の中で、未熟な状態にある子どもに対し大人は保護・援助・養育・保育・教育等という補助的役割を担い、子どもにとってよりよい方向性へと導くために、さまざまな働きかけをする。子どもにとって、日々よりよい「喜びを」「学びを」「教養を」といったように、人として生きていく上での基盤を築くために、追求するこの働きかけは、幾重にも積み重ねられていく。しかし、ときに、家庭及び保育・教育現場における大人たちの働きかけの中には、生きる主体である子どもの存在を見失っていることもある。子どものためにと考えながらも、「〜させよう」「〜するように」といったように、今、目の前に生きる主体としての子どもの意思を軽視した働きかけも多く存在するのである。

　たとえば、虫取りに夢中になり、生活のあらゆる場面で虫の種類や生態を自らが学びながら、日々生き生きと楽しく遊んでいたA児（5歳児）の事例から考えてみよう。

　A児のそのような興味・関心に母親は気づいていながらも、この時期の子どもには数字を学ぶことが一番と考え、子どもが欲しいと望んでいた昆虫図鑑ではなく、なぞなぞ数字の絵本を買い与え、この本をおもしろいから読みなさいと子どもにいい聞かせた。その結果、A児はなぞなぞ数字の絵本のみならず、昆虫への興味・関心もなくなってしまった。このような事例は、筆者が子育て中の母親から受ける一般的な相談内容である。母親の様子から、決して子

どもを大事にしていない訳ではない。5歳児前後の幼児にとって、数字に対して興味・関心をもつことも大切な発達過程のひとつである。ただし、ここで大切にしなければならないのは、このＡ児がもっている主体的な気持ちと行動を理解し、その状況に応じた数字への興味・関心を広げる働きかけなのである。Ａ児の興味・関心が昆虫にあるのであれば、「今日は、何匹捕まえたの？」「てんとう虫の点の模様を数えてみようか？」といったように言葉をかけながら、Ａ児の興味・関心に沿った数字へのつながりをもたせた働きかけが可能である。

その学びの主体である子どもの育ちにおいて、興味・関心に寄り添いながらどのような働きかけが必要であるのかを考えることが、まわりの大人にとって重要なことである。しかし、ときにこの大人の働きかけは、子どもの育ちを願うばかりに「〜させる」という過剰な働きかけへと変化してしまい、しまいには「〜しなさい」「〜しなくてはだめよ」となってしまう。極端な結果としては、大人の意向で動かそうと"指示する""命令する"かのような働きかけに陥ることもある。このような場面は稀なことではなく、子どもを取り巻く環境の中では起こりがちな現象なのである。

（3）子どもが主体的に生きる権利を保障する

先述したように、大人は常に子どもが主体的に生きる存在と考えながら関わり、ともに生きる姿勢が必要である。大人がこの姿勢をもつためには、子どもが主体的に生きる権利をもつ者であることを認識し、お互いに尊重し合う立場であるという価値基準を得ることが重要である。この価値基準を得るためには、どうすればよいのだろうか。

日本の子ども家庭福祉では、以下の児童福祉法第1〜3条、児童の権利に関する条約、児童憲章の3つにおいて、子どもが主体的に生きる権利をもつことを明確に位置づけている。この3つの条文の根底にある共通理念は、児童の権利に関する条約第3条1項にも掲げられているように、「子どもの最善の利益」の保障である。子どもの生きる生活場面と照らし合わせながら、条文の内容に

ある「いかに心身ともに健康であるのか」「健やかなる育成であるのか、幸福であるのか」「十分な準備が整えられているのか」「よい環境なのか」「尊ばれているのか」等を考えてみよう。一人ひとりの大人が今、目の前に生きる子どもの生活状況と条文の内容を照らし合わせて考える行為は、常にどのようなことが子どもにとっての最善の利益なのかという子育て観を生み出し、主体的に生きる権利が保障されることとなる。

児童福祉法

> 第1条　すべて国民は、児童が心身ともに健やかに生まれ、且つ、育成されるよう努めなければならない。
> 2　すべて児童は、ひとしくその生活を保障され、愛護されなければならない。
> 第2条　国及び地方公共団体は、児童の保護者とともに、児童を心身ともに健やかに育成する責任を負う。
> 第3条　前二条に規定するところは、児童の福祉を保障するための原理であり、この原理は、すべて児童に関する法令の施行にあたつて、常に尊重されなければならない。

児童の権利に関する条約（前文の抜粋）

> （前略）児童が、その人格の完全なかつ調和のとれた発達のため、家庭環境の下で幸福、愛情及び理解のある雰囲気の中で成長すべきであることを認め、児童が、社会において個人として生活するため十分な準備が整えられるべきであり、かつ、国際連合憲章において宣明された理想の精神並びに特に平和、尊厳、寛容、自由、平等及び連帯の精神に従って育てられるべきであることを考慮（後略）

児童憲章（抜粋）

> われらは、日本国憲法の精神にしたがい、児童に対する正しい観念を確立し、すべての児童の幸福をはかるために、この憲章を定める。
> 児童は、人として尊ばれる。
> 児童は、社会の一員として重んぜられる。
> 児童は、よい環境のなかで育てられる。

しかしながら、現在の子どもを取り巻く社会においては、この理念を掲げても、なかなかその理想通りの子育ちを保障していくことは容易ではない。子どもと大人との関係性においては、子ども虐待のような大人が子どもの生きる権利を剥奪するような社会問題だけではなく、先述したA児の事例のように、大人が子どもの育ちを保障したかのような「〜させよう」「〜するように」等といった主体性を損なう行為が繰り返される環境にもなりうることを認識しなければならない。

（4） 子どもを育てるということ

子どもより数十年も先に生きてきた大人だからといって、常にこれが最善、これが最適といった子育てをすべての人が完璧にできるというものでもなく、多くの場面で悩みを抱えながら子育てをするものである。これは、親であったとしても保育者であったとしても共通に抱えている難題であり、だからこそ、常に自らに問いかけながら子育てをすることが大切なのである。

子ども自身が生きることに喜びを感じ、自らが明日への希望をもつことができる毎日を、大人がともに考え、感じ、生きあうことそのものが、子どもの最善の利益を保障した保護・援助・養育・保育・教育となり、子どもの成長・発達へとつながっていく。具体的には、大人が子どもの今の気持ちや能力（学びの可能性）に「気づき（発見する）」、子どもの「興味・関心を読み取り」、自らの「感性で受けとめる」ことによって「共感」し、その子どもの気持ちや状況を認めながらの「応答的なかかわり」を通じて対応することの積み重ねが、子どもを育てるという営みになっていくのである。

「興味・関心を読み取る」→「感性で受けとめる」→「共感」→「応答的なかかわり」という過程では、いかに大人が子どもの内なる欲求・要求を見つけ出し、その欲求・要求を引き出し、ともに感じ、お互いの関わりを通して発展させていくのかが重要である。さらに、その営みの中では、必ず、子どもと大人それぞれがともに生きる主体として、対等な関係をつくり出していくことが必要である。

保育現場では、この子どもを育てるという営みを、専門性を有する保育者が、保護者と連携しながら、日々、子ども一人ひとりの心身の状態を把握し、人的・物的なさまざまな環境を通して保育を展開している。さらに、この保育の展開では、保育所保育指針解説書の序章「3．改訂の要点」において保育の質を高める仕組みの中でも示されている通り、「子どもの自発的、主体的な活動を重視するとともに、子どもの生活の連続性、発達の連続性、遊びや学びの連続性と関連性を大切にすること」[2]とされている。また、保育所保育指針の第1章総則の3．保育の原理における保育の方法としても、保育者の保育の留意点として、「子どもが自発的、意欲的に関われるような環境を構成し、子どもの主体的な活動や子ども相互の関わりを大切にすること。特に、乳幼児期にふさわしい体験が得られるように、生活や遊びを通して総合的に保育すること」[3]とされている。

では、実際の保育現場において、子どもは主体的に生きる存在として、どのように生活し、その生活の中で自らの気持ちや考えをもって行動・活動し、そして成長・発達しているのだろうか。また、その子どもたちに対し、保育者は子どもを取り巻くひとりの大人という存在としてどのように生き、関わりをもっているのだろうか。次節では、実際の保育現場の子どもと保育者の姿から、子どもが主体的に生きる保育の営みを読み解いていきたい。

2．子どもが主体的に生きる保育現場から
—まどか保育園における保育の営み—

筆者は、定期的に保育現場を観察し、日々の保育の営みと子どもの生きる姿から「保育とは何か」「子どもが主体的に生きることとは何か」について学ばせていただいている。子どもと保育者の生きる世界から見聞きし、学ぶことほど、保育に対する考えに深まりを与えることはない。本節では、千葉市のまどか保育園の日常の様子から、子どもが主体的に生きることについて述べていく。

（1） 子どもの能力の高さに気づく

　1月のある日、朝から0歳児クラスの保育室で、子どもの様子を観察していたときのことである。この日は、ままごとコーナーの流し台でフライパンをもち、何かをつくっているかのように上下左右に手を動かしながら遊ぶB児に目を向け、観察をしていた。「B児の想像世界では、どのようなものがつくり上げられているのだろうか？」「この間よりもお玉の取り方がスムーズになってうれしそうだ」などと考えながら、B児の姿を見つめ続けていた。時折、顔を出す筆者に慣れているB児の方もくるりと振り返り、手にしたものを見せてにっこりと合図する。すると、そのうち料理を終えたB児が布巾を手に取り、テーブルを拭き出したときのことである。そのときの拭いているB児の姿に、筆者はこれまでに受けたことのない大きな衝撃を受けた。B児はただ拭いているのではなく、テーブルの端から端まで丁寧に拭いているのである。しかも、驚きの表情をしている筆者に気づき、「何をそんなに驚いているの？ きれいに拭くのは当たり前よ」といわんばかりに、すました顔でサッと拭いていった。その後も、毎週筆者が保育室を訪れる度に、B児はままごとの遊びを発展させ、ありとあらゆる姿を見せていったのである。筆者は、日々の母親や保育者の姿からテーブルの拭き方を学び得たであろうと思われるこのB児の姿から、ただ真似る、遊ぶ、楽しむという繰り返しだけでなく、これほどまでに他者の行動を見て学び、考え、さらに行動を発展させていく力をもっていることに気づかされた。1歳前後という幼いうちから持ち備える子どもの能力の高さに気づく貴重な学びの瞬間であった。

写真1　テーブルを拭くB児

（2）「興味・関心」から広がる子どもの可能性と保育者の「気づき」

　先述されたB児の姿は、乳児が生活場面からあらゆる出来事を学び、自らが模倣遊びという活動へと移行させていることがわかる。この学びは、誰かに教えられたものではなく、自らが主体的に学んだ結果であり、単に真似て楽しく遊んでいた場面ということだけでは終わらない出来事である。このような子どもに対し、保育者や養育者をはじめとした大人たちは、この活動の背景にある子どもの「興味・関心」がどれだけ深いものであるのかを理解し、そこから新たな行動・活動へと広げようとする「意欲」を読み取りながら、その時々の子どもに適した援助・支援を行っていく必要がある。保育所保育指針には、この乳児期の子どもの興味・関心の高い姿について「探索意欲旺盛な１歳前後の子ども」と示されている。この１歳前後から探索意欲旺盛な子どもに対し、大人が適切な援助・支援を与えるだけでなく、いかに子どもの五感に響き渡るような魅力的な大人の感情・行動を示していくかが重要である。すなわち、乳児の見聞きする周りの大人たちの感情・行動が、子どもにとっていかに豊かで意味の込められた姿で映し出されるかによって、興味・関心を広げるだけでなく、さらに、学びを得たいという意欲へとつながるのである。また、保育者は、自らの存在が人的環境の一人として子どもに影響を与えるだけでなく、子どもが自発的・意欲的に関われるような環境を構成することも重要である。

　ここで、C児（１歳１か月）の事例を紹介しよう。春の日差しが窓辺に当たる保育室の床で、心地よくころころと横たわりながら、自らの動きを楽しむC児の様子を見て、D保育者が「いもむし、こーろころ、ひょうたん、ぽっくりこ」と歌い出した。遠野のわらべ唄である。このわらべ唄遊びを経験したことのあるC児は、その唄ににっこりと微笑みながら、さらに自らの体を左右に揺らし、「ひょうたん、ぽっくりこ」というフレーズとともに、すっと立ち上がって両手を天に向けて広げた。そのC児の姿に、D保育者も微笑み返す。C児が人さし指でもう１回とD保育者に唄を歌うように要求する。その繰り返しの中で、C児のまわりにいた子どもたちの体も自然と体が動きだし、みんなで遊びを楽しんでいた。

写真2 「いもむし、こーろころ、ひょうたん、ぽっくりこ」

　この事例では、D保育者がC児のころころとした動きに対する心地よさに気づき、その動きから連動したわらべ唄遊びの保育を展開している。このわらべ唄遊びによって、D保育者は楽しい時間を提供しただけではなく、座る、はう、立つ、歩くといったC児の成長・発達を促し、さまざまな能力の可能性の広がりを考え、環境を構成した一場面である。また、この場面では、C児自身の意思や欲求を身振り等で伝える姿も導き出している。このことこそが、子どもの可能性を広げる保育なのである。このように、子どもの理解を深めながらさまざまな可能性をもつ存在として子どもをみる保育者に対して、大宮は、「（子どもの）なにげない行動に学びの意味があることが見え、それらの行動がつながって成長の物語が語られ、それらが子どもの主体的な取り組みによって主導されていくことが見えてくる」[4]と述べている。また、このような保育者はみな、子どもへの「信頼」を語り出すという。人は生きていく上で、他者からの信頼を寄せられる経験を繰り返すことで、自らに対する自信を得ていくものである。この保育者の子どもへの「信頼」もまた、子どものさまざまな可能性の広がりを支えているのだろう。

（3） 主体的に「他者に理解されること」を欲する子どもと「感性」「見通し」「緻密さ」をもつ保育者の関わり

　まどか保育園には、「心のキャッチャー」が多く存在する。子どもが何かを考え悩むとき、何か完成した作品を見せたいとき、ともに喜び合いたいときなど、子どもの目線は保育者を探し求める。保育者は、たとえその子どもに背中を向けていても、数秒もしないうちに、くるりと振り返り、その目線から現れる子どもの心をキャッチし、お互いに歩み寄りながら対話をする。そんな姿が保育中のあちらこちらの場面で見られる。この保育者こそが子どもたちの「心のキャッチャー」となっている。子どもが主体的に生きる保育現場では、子どもと保育者のみならず、子ども同士でも、この対話をする体験を積み重ねていく。これら人との関係性が成り立っているからこそ、「他者に理解されること」への意欲が生み出され、子ども自らが主体的に人間関係を構築していくのである。

　3・4・5歳児クラスの担任であるE保育者には、常に子どもの目線や呼びかけによって、心のボールが投げかけられる。E保育者の細やかに子どもの心をキャッチする姿には、目を見張るものがある。その姿の背景には、E保育者の感性とともに、日々子どもが主体的に生きる姿を把握し、毎日のように環境を構成し、個々に応じた働きかけを考え、支援するという保育のねらいや方法が存在する。E保育者の保育は、昨日までの保育を振り返ることにはじまる。「昨日の○○ちゃんは、ラキュー[*2]でひよこをつくっていたから黄色のパーツが必要だろうか」「積み木コーナーでは、子どもたちが海をつくっていたから青い積み木を使うのだろうか」というように今日の子どもたちの姿を予想し、保育に見通しを立てながら環境構成していく。この保育に見通しを立てた準備こそ、計画に基づいた保育なのである。E保育者は、このとき、個々の子どもに対してもどのくらいまで遊びが発展していくだろうという見通しを立てている。無意識のようにもみえるE保育者が振り返って子どもの心をキャッチす

＊2　ラキュー（LaQ）とは、つなげると球体になるパーツのことで、つなぎながらさまざまな形を表現して遊ぶ日本生まれの玩具。

写真3　子どもの心をキャッチするE保育者

る行動も、「このくらいの時間には○○ちゃんが遊びの様子を伝えてくるだろう」という予想・予測に基づいた考えからの現れであろうと筆者は考える。このことから、保育という営みでは、保育者が感性で子どもの心を受けとめるだけでなく、いかに子どもの成長・発達に対する「見通し」をもち、その見通しを具現化する保育計画への「緻密さ」が必要であるのかを感じるところである。

（4）　主体的に「もっと○○したい」子どもと保育者

　子どもは、何かに対して主体的に取り組むようになると、より複雑なことに挑戦したくなる。その複雑なことに挑戦することによって、その「難しさ」という壁に出合い、その壁を乗り越えようと試行錯誤するときに多様な学びを深めていく。この挑戦したいという子どもの感情こそが、人間がこれから生きていく上で何事にも学びを深めていこうとするために必要な意欲であり、保育においてこの意欲を育むことが重要なことなのである。

　ここで、F児の事例をみていこう。ある日、モザイクステッキ[*3]で流氷にいるペンギンをつくっていたF児が、G保育者の元へ駆け寄り、作品を見せていた。F児の作品を見たG保育者が、「ペンギンさん、楽しそうね。ここに坂をつくって登るようにしたら、ペンギンさんがもっと楽しそうに見えるんじゃないかしら」と言葉をかけると、F児は真剣な面持ちで考えはじめ、その次の

---

　*3　モザイクステッキとは、ステッキ型のさまざまなパーツを専用のモザイクボードに差し込み、さまざまな絵柄を表現する玩具。

瞬間、パッとした目が輝きはじめた。F児とG保育者のイメージが重なり合い、F児の中に「ペンギンの動きをともなわせた楽しそうな作品をつくりたい」という意欲が浮かび上がったのであろう。「うん、やってみる。後で見てね」とG保育者に伝えた後、机に座り、黙々と遊びはじめた。

　この事例のF児（3歳）は、日頃から遊びを楽しみ、物事に没頭し、その時々の挑戦を繰り返しながら成長している。この日のF児も、納得をしてできあがった作品をG保育者へ見せたのではなく、もっとよりよい作品にしたいという自らの欲求から見せていたに違いないと筆者は捉えている。F児に限らず、まどか保育園の子どもたちが保育者に自らがつくり上げたものを差し出して見せる姿には、完成したという報告だけではなく、「これからこの作品をさらに豊かなものにしていくためにはどのようにしていけばよいのか」をともに考えて欲しいという願いが込められていると筆者は感じる。G保育者もまた、日頃から子どもたちが生み出したものの豊かさをただ認めるだけでなく、子どもの能力を信頼し、その能力を最大限に発揮できるように、さらにつくり出す楽しみや喜びを得てほしいと願い、関わっている。そんなG保育者のような子どもへの関わりこそが、子どもが学びを深める意欲となっている。

　佐々木は、F児のような生き生きと楽しく意欲的に考え、探索しながら学びを深めていく子どもの行動について、心理学者のピアジェの理論を基礎として「この時期の子どもがやっている一連のそういう行動は、科学の第一線で未知の分野の研究をしている科学者がやっている実験的な行為、すなわち、真理の探求をしている科学者の営みとまったくおなじだ」[5)]と述べている。子どもが科学者のように探求しているとき、それは子どもが主体的に生きる姿であることも意味している。

写真4　作品を見せるF児

（5）ともに感じる「心」と「心」で変容していく子どもの主体

　保育現場では、子ども同士及び子どもと保育者が互いの「心」と「心」を向き合わせながら、子ども一人ひとりの「心」の成り立ちを変容させていく。この子どもの心に影響を及ぼすことに関し、鯨岡は、①「ヒトやモノやコト」に関わる中で成り立つ側面、②重要な他者との関係、③社会・文化的影響力の浸透の3つの次元があるとしている[6]。

　このように、子ども一人ひとりの心の育ちは、周囲のさまざまなことと関連し合いながら、日々、成長・発達している。また、鯨岡は、子どもの心の育ちと能力の育ちとが異なる点を、「能力の育ちとは違って、心の育ちは時間軸に沿って右肩上がりには変化しません。また信頼や自信などの心は、能力とは違って、いったん育てばそのまま保持されるというものでもありません」[7]と述べている。子どもの心の育ちは行きつ戻りつ成長していくため、その成長する子どもの傍らには受けとめ手となる人（保育現場でいえば、保育者や友だち）が必要なのである。

　11月、3、4、5歳児クラスのくるみルームでは『もりのかくれんぼう』（末吉暁子著　林明子絵　偕成社）を読みあった子どもと保育者が、想像世界のイメージを広げ、保育室の一角に積み木やラキュー等の玩具、子どもたちが描いた絵や枯れ葉で装飾をしながら、「かくれんぼうの住む森」をつくり上げて遊んでいた。日々の積み重ねでつくり上げられてきた森は、子どもたちの背丈くらいの高さまで積み木が積み上げられていた。筆者が訪問したその日は秋風が強かったため、外遊びから戻ってきたＨ児が保育室のドアを開けた瞬間、ガシャガシャシャーンと保育室に響き渡る音とともに積み上げられていた積み木が倒れてしまった。一瞬にしてＨ児やその周りの子どもたちの動きに緊張感が走った。その子どもたちの様子に気づいたＩ保育者は、すぐさま、ささやくような口調で「ねぇ、もしかしたらかくれんぼうがくるみルームに遊びに来たんじゃないかしら？　みんなのそばにいない？」と言葉をかけた。その言葉が子どもの心を変えていく。「もう隠れちゃったのかな？」「あっちのドアまで行っちゃったのかな？」「もりのかくれんぼう、いたずらっ子だね」など、笑

顔をみせながら一人ひとりの想像世界を広げていった。

　この事例では、保育者の心が子ども（たち）の心を変容させている。その場で起こった出来事（積み木が崩れてしまったこと）が子どもたちにとって望ましくない状況であったにもかかわらず、I保育者の想像力豊かなイメージ世界に引き込まれ、楽しい出来事へと変化し、その豊かなイメージが共有されている。子どもの心の育ちは、楽しいこと、おもしろいこと、うれしいことなど喜びを感じることばかりではない。悲しいこと、苦しいこと、つらいことという自らにとって困難に感じることも生まれてくる。しかし、その感情の受けとめ方も、そのままの状況や感情から受けとめるだけでなく、その状況や感情をどのように受けとめ、保育者が子どもを主体として考え、どのように反応していくのかによって、その状況が変化する。その状況の変化から、子どもの「心」も変容していく。保育の営みでは、そのような子どもの心の変容過程を見通した心のやりとりも重要なのである。

（6）　主体と主体が関わり、展開する遊びが意味すること

　乳幼児期における遊びは、自らの身の回りの環境にあるさまざまなヒト・モノ・コトと関わり、モノやコトの意味や機能を理解しながらさまざまな体験をする。いわば、その体験の積み重ねを通して、その中で子どもは主体的に学んでいるのである。また、子どもはこの遊びの中で、同じ物に興味を示したり、行動をともにしたりする友だちと出会い、喜びや楽しみを深めながら仲間関係を築いていく。この仲間関係を築いた子ども同士が協同的に活動しているときには、互いの思い、考え、意見を交わし、表現し合いながら、応答的にその場が展開されていく。榎沢は、そのような子どもの遊び相手同士が応答し合う関係性について、「遊び相手同士が相互的な応答を展開するということは、両者が主体的な存在として関わり合っていることを意味する」[8]と述べている。遊びの中で子どもは影響し合いながら学び、自らの創造的に生きる力も養っているのである。

　先にも述べたように、そのような子どもたちの遊びに対して保育者もまた主

体として関わりながら、遊びの中でも子どもの今の気持ちや能力（学びの可能性）に「気づき（発見する）」、子どもの「興味・関心」を読み取り、保育者自らの「感性で受けとめる」ことによって「共感」し、その子どもの気持ちや状況を認めながらの「応答的な関わり」を通じて対応することが重要である。子ども同士、子どもと保育者が共通の目的に向かって生き生きとした姿が生み出され、その遊びが発展しているときにこそ、それぞれの主体性が発揮されていることの現れであるといえる。

3．おわりに―相互に主体的に学び合うこと―

　最後に、本章では子どもが主体的に生きる保育の営みについて述べてきた。保育現場では、子どもと子ども、または子どもと保育者の相互が主体的に生きていることや主体的に学び合っていることがわかる。筆者は子どもの主体性を尊重する保育者と出会うと、必ず同じ言葉を耳にする。「私は毎日、多くのことを子どもから学んでいる」と。日本の幼児教育の祖と呼ばれる倉橋は、そんな教育される教育者について、次のように述べている。

　　　　　　＊＊＊＊＊＊＊＊＊＊

　教育はお互いである。それを知識の持てるものが、知識を持たぬものを教えてゆく意味では、或いは一方が与えるだけである。しかし、人が人に触れてゆく意味では、両方が与えもし与えられもする。幼稚園では、与えることより触れあうことが多い。しかも、あの純真善良な幼児と触れるのである。こっちの与えられる方が多いともいわなければならぬ。与える力に於て優れているのみでなく、受くる力に於ても、先生の方が幼児より優れているべき筈である。その点に於て、幼児が受くるよりも、より多くが先生が受け得る筈でもある。幼稚園で、より多く教育されるものは、より多くといわないまでも、幼稚園教育者はたえず幼児に教育される。教育はお互いである[9]。

　　　　　　＊＊＊＊＊＊＊＊＊＊

保育の営みでは、大人と子どもという存在で育てる者と育てられる者、教える者と教えられる者という一方向の働きかけの存在としてみられがちであるが、関わり合うその人間同士が互いの双方向性をもって「学び合う」という関係が成り立ったとき、はじめて相互に「主体」が保障される生活になり得るのであろうと考える。保育の営みでは、常にそのような学び合う人と人との関係性が成り立つ場で、子ども一人ひとりが主体として生きる幸せを願っていきたい。

【引用文献】

1）アドルフ・ポルトマン（高木正孝訳）『人間はどこまで動物か — 新しい人間像のために』岩波書店　1961年　pp. 60 - 66
2）厚生労働省編『保育所保育指針解説書』フレーベル館　2008年　p. 13
3）同上書　p. 23
4）大宮勇雄『学びの物語の保育実践』ひとなる書房　2010年　p. 176
5）佐々木正美「子どもの行動は科学者の実験とおなじ」『子どもへのまなざし』福音館書店　1998年　p. 155
6）鯨岡峻『保育・主体として育てる営み』ミネルヴァ書房　2010年　pp. 76 - 78
7）同上書　p. 80
8）榎沢良彦「遊びと学び」永井聖二・神長美津子編『幼児教育の世界』学文社　2011年　p. 48
9）倉橋惣三　津守真・森上史朗編『育ての心（上）』フレーベル館　2008年　p. 47

コラム 子どものまなざしから学ぶ―子どもが捉えられた対等な関係性

　保育の専門書を読むと、大人から、子どもに向けられたまなざしについて述べられるものが多い。子ども理解を深めるために、保育者や保護者、または研究者といった大人のまなざしから、子どもの今を読み解くことは必要であり、幅広い視点が与えられる。おもしろい、なるほどといったように子どもが捉える世界ほど、大人が捉える以上の発想・発見があり、改めて人が人として生きることとはどういうことなのかということを学ばされる。さまざまな物事や出来事に対する子どもの思いや考えの深さは、底が尽きることがないのではと感じるほどである。

　筆者は、訪問する先々にて保育者から子どもたちとのエピソードを聞かせていただく。これらのエピソードのうち、数人の保育者から述べられた共通の出来事がある。身支度を終え、玄関口から帰ろうとする保育者に、子どもが「〇〇先生、これからお仕事なんでしょう。いってらっしゃい」と言葉をかけたというのである。この出来事に対し、驚いたと語る保育者、笑みを浮かべ満足げに語る保育者、子どもの勘違いにおもしろさを感じたと語る保育者等、その反応はさまざまなものであった。

　筆者は、このエピソードの子どもたちの姿に、日々、対等である関係性を築く保育者を認めた「子どものまなざし」を感じる。保育現場では、常に子どもと大人の対等な関係性がいかに重要であるかが語られる。いくら対等であることを心がけていても、本当に日々の保育のなかで子どもと対等な関係性を築きながら実践できているのだろうかという思いは、保育者の日常的な課題であろう。「これからお仕事なんでしょう」といった子どもの言葉には、日々、ともに過ごす保育者が、自分とともに思い、感じ、考え、遊び、生活する対等な関係であると感じているからこそ、保育者の役割として取り組む仕事という概念にはあてはまらないという子どもなりの判断が含まれている。これは、子どもが保育者をともに生きる人と認めた高い評価を意味するのではないだろうか。

第5章

子どもの「生きる力」をはぐくむ自然体験活動

● 本章のねらい ●

　本章の目的は、自然体験活動が子どもの成長にどのような効果があるのかを理解し、子どもたちの自然体験活動の機会の必要性を考えていくものである。

　豊かで便利な現代社会では、子どもたちの自然体験活動は減少の一途をたどっている。自然の中での活動は、不便なことが多く、危険なことも起こりうる。なぜ、不便で危険をともなうことを行わなくてはならないのだろうか。

　自然体験活動は、自然の中で活動し、自然にふれ、自然から学ぶことができる。不便な環境での活動は、一人で行うには難しいことが多く、他者と協力して行わなければならない。こうした活動は、子どもたちにはどのような影響があるのだろうか。

　国立青少年教育振興機構が行っている全国調査の結果をもとに、子どもの体験活動の現状や、自然体験活動を行っている子とそうでない子の相違点、また、子ども時代に体験活動を多く行っていた大人のもつ資質とは何かを紹介していき、自然体験活動の必要性を説いていく。

　なお、本章では、自然体験活動の具体的な方法については、あまりふれていない。この章を読み、少しでも興味がわいた人は、ぜひ専門書を手に取ってほしい。そして、子どもと自然の中に入っていくことを願う。

1. 自然体験活動と子どもたちの現状

（1） 自然体験活動とは

1996（平成8）年青少年の野外教育の振興に関する調査研究協力者会議は、「青少年の野外教育の充実について」[1]の中で次のように述べている。

         ✧✧✧✧✧✧✧✧✧✧

> 自然体験活動とは、自然の中で、自然を活用して行われる各種活動であり、具体的には、キャンプ、ハイキング、スキー、カヌーといった野外活動、動植物や星の観察といった自然・環境学習活動、自然物を使った工作や自然の中での音楽会といった文化・芸術活動などを含んだ総合的な活動である。

         ✧✧✧✧✧✧✧✧✧✧

また、この自然体験活動を、自然の中で組織的、計画的に、一定の教育目標をもって行われるものが野外教育であると定義している。

自然体験活動は、単にキャンプや登山といったものだけではない。木の実や木の葉を集めて工作したり、畑でサツマイモを栽培し焼きイモにして食べたりする活動も自然体験活動といえる。また、小学校において実施されている自然教室や林間学校等も、もちろん自然体験活動である。

（2） 現代の子どもたち

現代の子どもたちは、自然体験が乏しいということがいわれている。便利で豊かな社会の中で育つ子どもたちにとって、時間や手間がかかることや面倒くさいことは、簡略化されたり避けられるようになってしまっている。これは、文部科学省の「子どもの体験活動等に関する調査」や、独立行政法人国立青少年教育振興機構が行っている調査によって、明らかにされている。

第5章　子どもの「生きる力」をはぐくむ自然体験活動　●95

　国立青少年教育振興機構は、「青少年の体験活動等と自立に関する実態調査」において、小学校1年生から6年生とその保護者、中学2年生、高校2年生を対象に、青少年の体験活動等や自立に関する意識等の実態について全国規模の調査を実施した。調査結果をもとに、1998（平成10）年度、2005（平成17）年度に行った過去の調査結果と共通する項目について、3年間の比較を行った。図5-1は、自然体験について小4、小6、中2の3学年を対象とした調査の10年間の比較である。1998（平成10）年度から2009（平成21）年度までの約10年間において、「何度もある」「少しある」と回答した比率は減少傾向にある。

図5-1　子どもの自然体験の比較

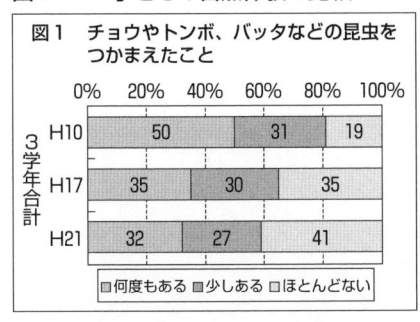

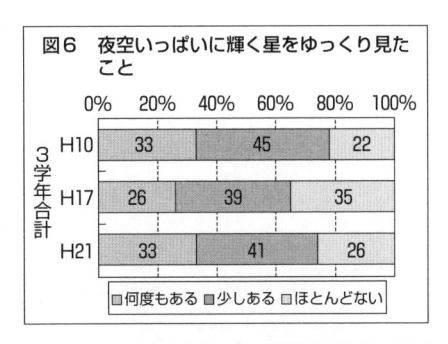

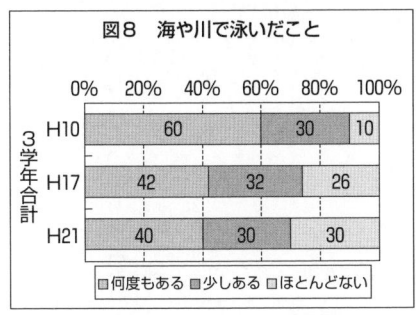

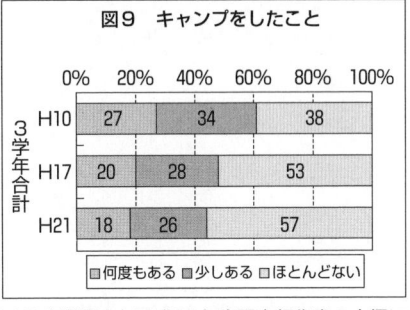

図1　チョウやトンボ、バッタなどの昆虫をつかまえたこと（3学年合計）

	何度もある	少しある	ほとんどない
H10	50	31	19
H17	35	30	35
H21	32	27	41

図6　夜空いっぱいに輝く星をゆっくり見たこと（3学年合計）

	何度もある	少しある	ほとんどない
H10	33	45	22
H17	26	39	35
H21	33	41	26

図8　海や川で泳いだこと（3学年合計）

	何度もある	少しある	ほとんどない
H10	60	30	10
H17	42	32	26
H21	40	30	30

図9　キャンプをしたこと（3学年合計）

	何度もある	少しある	ほとんどない
H10	27	34	38
H17	20	28	53
H21	18	26	57

注　：図の番号は、「青少年の体験活動等と自立に関する実態調査」平成21年度調査報告書の本編に対応させている。

資料：「青少年の体験活動等と自立に関する実態調査」（平成21年度調査報告書〔概要〕）国立青少年教育振興機構　2010年

図5-2　5年間の子どもの自然体験の比較

図105　山登りやハイキング、オリエンテーリングやウォークラリー

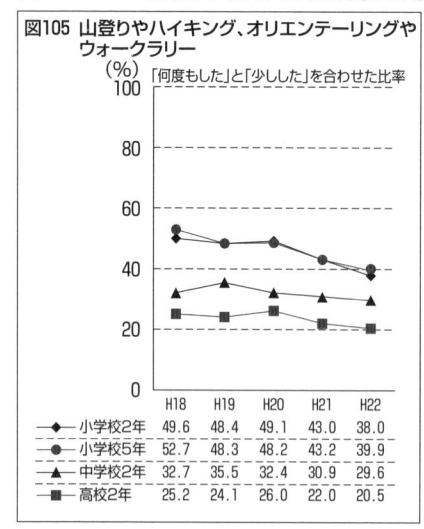

(%)　「何度もした」と「少しした」を合わせた比率

	H18	H19	H20	H21	H22
小学校2年	49.6	48.4	49.1	43.0	38.0
小学校5年	52.7	48.3	48.2	43.2	39.9
中学校2年	32.7	35.5	32.4	30.9	29.6
高校2年	25.2	24.1	26.0	22.0	20.5

図110　昆虫や水辺の生物を捕まえること

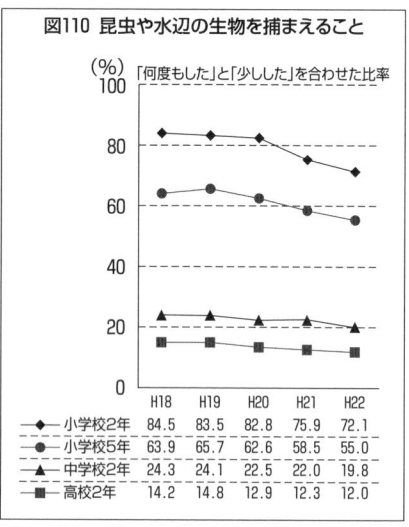

(%)　「何度もした」と「少しした」を合わせた比率

	H18	H19	H20	H21	H22
小学校2年	84.5	83.5	82.8	75.9	72.1
小学校5年	63.9	65.7	62.6	58.5	55.0
中学校2年	24.3	24.1	22.5	22.0	19.8
高校2年	14.2	14.8	12.9	12.3	12.0

図111　植物や岩石を観察したり調べたりすること

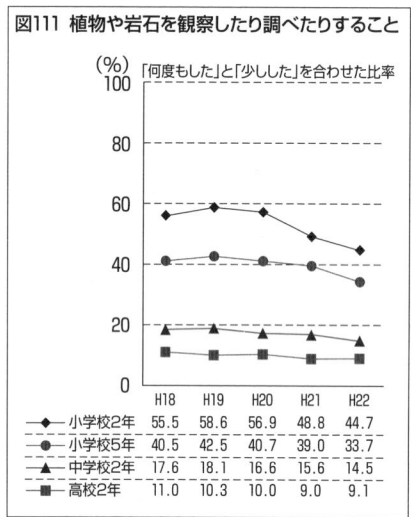

(%)　「何度もした」と「少しした」を合わせた比率

	H18	H19	H20	H21	H22
小学校2年	55.5	58.6	56.9	48.8	44.7
小学校5年	40.5	42.5	40.7	39.0	33.7
中学校2年	17.6	18.1	16.6	15.6	14.5
高校2年	11.0	10.3	10.0	9.0	9.1

図109　スキーや雪遊びなど雪の中での活動

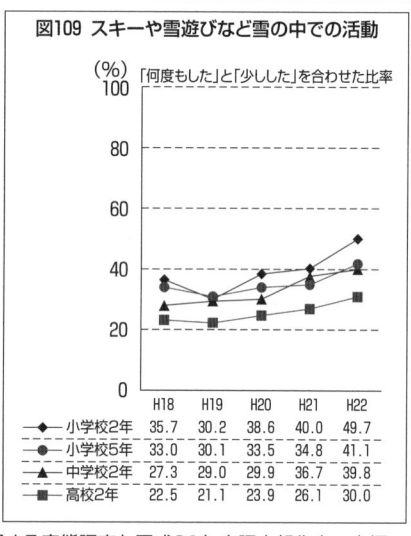

(%)　「何度もした」と「少しした」を合わせた比率

	H18	H19	H20	H21	H22
小学校2年	35.7	30.2	38.6	40.0	49.7
小学校5年	33.0	30.1	33.5	34.8	41.1
中学校2年	27.3	29.0	29.9	36.7	39.8
高校2年	22.5	21.1	23.9	26.1	30.0

注：図の番号は、「青少年の体験活動等と自立に関する実態調査」平成21年度調査報告書の本編に対応させている。

資料：「青少年の体験活動等と自立に関する実態調査」（平成22年度調査報告書〔概要〕）国立青少年教育振興機構　2011年

図5-2は、2006（平成18）年度から調査している小2、小5、中2、高2を対象とした、学校の授業以外の自然体験活動についての比較である。小2、小5は保護者に、中2、高2は子ども本人から回答を得たものである。「何度もした」や「少しした」と回答した比率は減少傾向にある。ただし、「スキーや雪遊びなど雪の中での活動」については、すべての学年において2006（平成18）年度より2010（平成22）年度の比率のほうが高くなっている。

現代の子どもたちの周りには、さまざまな情報があふれている。たとえば、インターネットや携帯サイト、SNS等で簡単に情報を手に入れたり、人とのコミュニケーションをとることができる。現地に行かなくても、その場に行ったかのような景色や情報を得ることができてしまうのである。

このように、現代の子どもたちはメディア等を通した間接的な疑似体験をし、あたかも自分が経験したかのような知識だけを得てしまっているのである。ホンモノにふれる直接体験がないままに、成長してしまっているのである。

2．自然体験活動の重要性

（1）「生きる力」をはぐくむ体験活動

1996（平成8）年、文部科学大臣の諮問機関である中央教育審議会は「21世紀を展望した我が国の教育の在り方」の中で、子どもに「生きる力」をはぐくむことをめざし、家庭や地域社会が十分に連携し、バランスよく教育し、生活体験、社会体験、自然体験など、体験活動の機会を充実することを掲げている。この答申以降、体験活動の充実のための施策や、それに応じた事業が多く行われてきている。

(2)「生きる力」とは

　2010（平成22）年、文部科学省は新学習指導要領のパンフレットの中で、「生きる力」（図5-3）を以下のように述べている[2]。

※※※※※※※※※※※

　「生きる力」とは、変化の激しいこれからの社会を生きるために、確かな学力、豊かな人間性、健康・体力の知・徳・体をバランスよく育てることが大切です。
・基礎的な知識・技能を習得し、それらを活用して、自ら考え、判断し、表現することにより、さまざまな問題に積極的に対応し、解決する力
・自らを律しつつ、他人とともに協調し、他人を思いやる心や感動する心などの豊かな人間性
・たくましく生きるための健康や体力など

　そして、この「生きる力」をはぐくむためには、知識ばかりを詰め込むだけではなく、体験活動を通して、思考力・判断力等をはぐくみ、バランスのよい教育が必要だと述べている。

※※※※※※※※※※※

図5-3　生きる力概念図

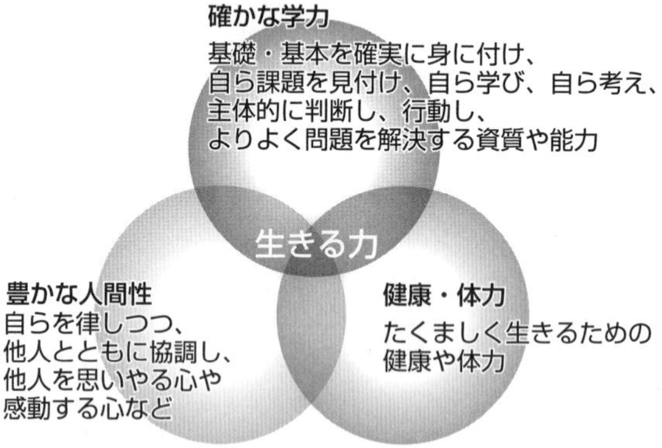

確かな学力
基礎・基本を確実に身に付け、自ら課題を見付け、自ら学び、自ら考え、主体的に判断し、行動し、よりよく問題を解決する資質や能力

生きる力

豊かな人間性
自らを律しつつ、他人とともに協調し、他人を思いやる心や感動する心など

健康・体力
たくましく生きるための健康や体力

出典：「新学習指導要領・生きる力」保護者用リーフレット
　　　文部科学省　2011年

（3） 国の教育施策

　1996（平成8）年の中央教育審議会の答申以降、体験活動の充実に向けて、多くの施策が打ち出されている。

　1998（平成10）年、中央教育審議会答申「新しい時代を拓く心を育てるために」の中で、「長期の自然体験活動を推進しよう」と呼びかけ、民間の力を生かした長期の自然体験プログラムの提供の重要性や、親と離れて子どもたちが集団生活を営む「長期自然体験村」の設置の必要性等について指示している。

　また、1999（平成11）年の生涯学習審議会答申「生活体験・自然体験が日本の子どもの心をはぐくむ」では、子どもたちにさまざまな体験の機会を意図的・計画的に提供していく必要性を指摘している。

　2000（平成12）年、中央教育審議会報告「少子化と教育について」では、地域社会での生活体験・社会体験・自然体験を充実していく必要性を述べている。

　2001（平成13）年には、学校教育法・社会教育法の一部改正が行われ、ボランティア活動など社会奉仕体験活動、自然体験活動、その他の体験活動の促進について努力していかなければならないとしている。

　2007（平成19）年の中央教育審議会答申「時代を担う自立した青少年の育成に向けて」においては、すべての青少年の生活に体験活動を根づかせ、体験を通じて試行錯誤や切磋琢磨することを経験するよう求めている。

　同年、教育再生会議の提言において、「様々な体験活動を通じ、子どもたちの社会性、感性を養い、視野を広げる」[3]ことがあげられ、あわせて、小学校で1週間の集団宿泊体験や自然体験・農林漁業体験活動を実施することを求めている。また、経済財政諮問会議においても、「心と体の調和の取れた人間形成」が必要であり、そのために「すべての子どもが自然体験（小学校で1週間）、社会体験（中学校で1週間）、奉仕活動（高等学校で必修化）を経験、そのための指導者の活動支援、専門高校や専修学校等が地域社会と連携して行う特色のある職業教育の取組の積極的支援」に取り組みを進めると述べている[4]。

　これらを受け、2008（平成20）年中央教育審議会答申「幼稚園、小学校、中

学校、高等学校及び特別支援学校の学習指導要領等の改善について」で、体験活動の充実を掲げ、「現在、特別活動や総合的な学習の時間などにおいて行われている様々な体験活動の一層の充実を図ることが必要である」[5)]としている。

2012（平成24）年より完全実施されている学習指導要領において、体験活動の充実について、「子どもたちの生活や学習が豊かになるためには、豊かな体験活動が必要です。他者や社会、自然や環境の中での直接体験のきっかけづくりを行います」[2)]とし、小学校では自然の中での集団宿泊活動を推進し、中学校では職場体験活動を推進するという内容が盛り込まれている。

3．体験活動の効果

（1）全国調査の概要

国立青少年教育振興機構は、「子どもの体験活動の実態に関する調査研究」（2010（平成22）年）において、幼児期から義務教育終了までの各年齢期における多様な体験（「子どもの頃の体験」）とそれを通じて得られる資質・能力（「体験の力」）の関係性を把握し、学校や地域、家庭において、どの年齢期にどういった体験が重要になるのかを明らかにするため、青少年の発達段階に応じた適切かつ効果的な体験活動の推進に関する調査研究を行った。

調査は、子どもの頃の体験（自然体験、動植物とのかかわり、友だちとの遊び、地域活動、家族行事、家事手伝い）と体験の力（自尊感情、共生感、意欲・関心、規範意識、人間関係能力、職業意識、文化的作法・教養）についてそれぞれ調査項目を作成し、成人（20〜60代）対象のウェブアンケート調査と、青少年対象の質問紙調査により、それぞれ得られた回答を得点化し、子どもの頃の体験と「体験の力」の関係をみたものである。

調査対象の内訳は、成人対象の調査では20〜60代の成人5,000人（各年代で男女各500人）、青少年を対象とした調査では、小学5年生2,860人、小学6年生2,830人、中学2年生2,480人、高校2年生2,844人であった。

（2） 調査結果

　成人を対象とした調査の結果から、子どもの頃の体験と「体験の力」をクロス集計すると、以下のような傾向がわかってきた。

① 子どもの頃の体験が豊富な大人ほど、やる気や生きがいを持っている人が多く、モラルや人間関係能力が高い人が多い（図5-4、5、6）。子どもの頃の体験が豊富な人ほど、「経験したことのないことには何でもチャレンジしてみたい」といった「意欲・関心」や「電車やバスに乗ったとき、お年寄りや身体の不自由な人には席をゆずろうと思う」といった「規範意識」「友だちに相談されることがよくある」といった「人間関係能力」が高いという結果が出ている。

図5-4　子どもの頃の体験とやる気

経験したことのないことには何でもチャレンジしてみたい（現在）

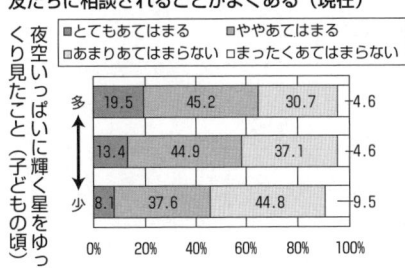

地域清掃に参加したこと（子どもの頃）

- 多：30.0 ／ 46.9 ／ 21.6 ／ 1.5
- 　：16.8 ／ 48.6 ／ 31.5 ／ 3.1
- 少：13.1 ／ 43.7 ／ 39.1 ／ 4.1

（凡例：とてもあてはまる／ややあてはまる／あまりあてはまらない／まったくあてはまらない）

図5-5　子どもの頃の体験とモラル

電車やバスに乗ったとき、お年寄りや身体の不自由な人には席をゆずろうと思う（現在）

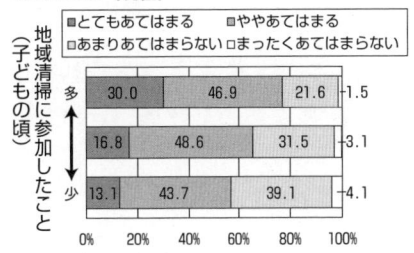

ままごとやヒーローごっこをしたこと（子どもの頃）

- 多：48.4 ／ 47.4 ／ 3.9 ／ 0.3
- 　：38.7 ／ 55.3 ／ 5.3 ／ 0.7
- 少：29.6 ／ 60.0 ／ 9.6 ／ 0.8

図5-6　子どもの頃の体験と人間関係能力

友だちに相談されることがよくある（現在）

夜空いっぱいに輝く星をゆっくり見たこと（子どもの頃）

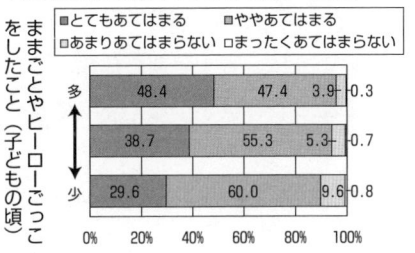

- 多：19.5 ／ 45.2 ／ 30.7 ／ 4.6
- 　：13.4 ／ 44.9 ／ 37.1 ／ 4.6
- 少：8.1 ／ 37.6 ／ 44.8 ／ 9.5

図5-7　子どもの頃の体験と文化的作法

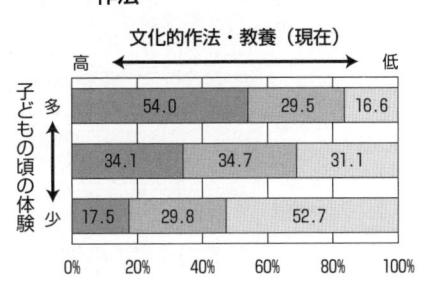

文化的作法・教養（現在）　高←→低

子どもの頃の体験

- 多：54.0 ／ 29.5 ／ 16.6
- 　：34.1 ／ 34.7 ／ 31.1
- 少：17.5 ／ 29.8 ／ 52.7

② 子どもの頃の体験が豊富な大人ほど、「丁寧な言葉を使うことができる」といった、日本文化としての作法・教養が高い（図5-7）。そして、「文化的作法・教養」については、体験の6つのカテゴリ（「自然体験」「動植物とのかかわり」「友だちとの遊び」「地域活動」「家族行事」「家事手伝い」）すべてと強い関係を示している。

③ 自然体験や友だちと遊ぶ体験は若い世代ほど少ない。幼少期の家族行事の体験は若い世代ほど増えている（図5-8）。「夜空いっぱいに輝く星をゆっくり見たこと」といった「自然体験」や「すもうやおしくらまんじゅうをしたこと」といった「友だちとの遊び」が若い世代ほど少ない。一方、幼少期での「家族の誕生日を祝ったこと」といった「家族行事」は若い世代ほど増えている。

④ 体験が豊富な子どもほど、コンピューターゲームやテレビゲーム遊びをしない、という割合が高い（図5-9）。小5、小6、中2、高2すべての世代において、体験が豊富な子ほどゲーム遊びの頻度が少ないという傾向がみられた。

このように、青少年期の体験がその後の能力に影響を及ぼすこと、年代が若くなるにつれ体験が少なくなってきていることが伺える。社会の中で生活をし

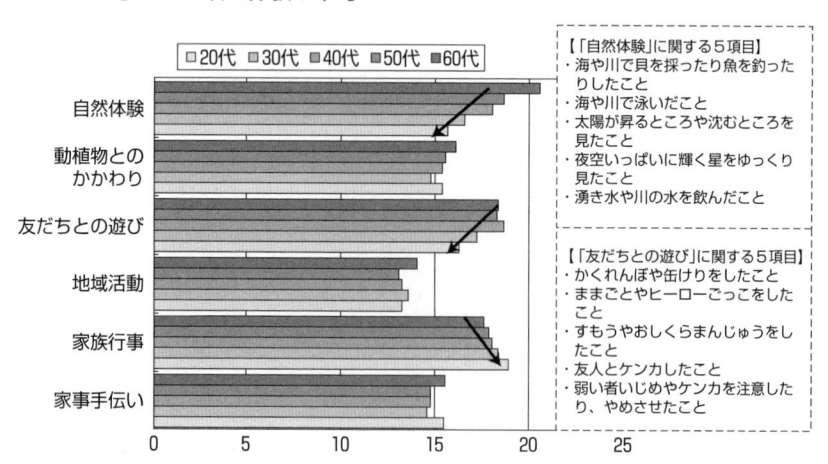

図5-8　子どもの頃の体験の平均

ていく上で必要な「人間関係能力」や「規範意識」といった能力が体験活動によってはぐくまれることも推察できる。

図5-9 コンピューターゲームやテレビゲーム遊びの頻度

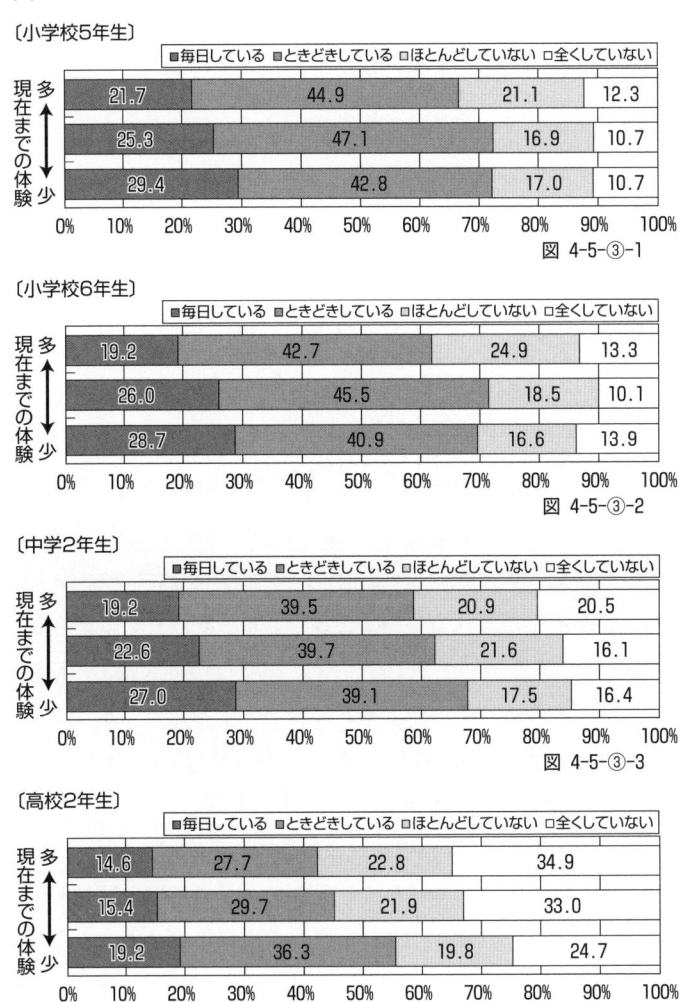

〔小学校5年生〕

■毎日している ■ときどきしている □ほとんどしていない □全くしていない

現在までの体験 多↑↓少

	毎日している	ときどきしている	ほとんどしていない	全くしていない
多	21.7	44.9	21.1	12.3
	25.3	47.1	16.9	10.7
少	29.4	42.8	17.0	10.7

図 4-5-③-1

〔小学校6年生〕

■毎日している ■ときどきしている □ほとんどしていない □全くしていない

	毎日している	ときどきしている	ほとんどしていない	全くしていない
多	19.2	42.7	24.9	13.3
	26.0	45.5	18.5	10.1
少	28.7	40.9	16.6	13.9

図 4-5-③-2

〔中学2年生〕

■毎日している ■ときどきしている □ほとんどしていない □全くしていない

	毎日している	ときどきしている	ほとんどしていない	全くしていない
多	19.2	39.5	20.9	20.5
	22.6	39.7	21.6	16.1
少	27.0	39.1	17.5	16.4

図 4-5-③-3

〔高校2年生〕

■毎日している ■ときどきしている □ほとんどしていない □全くしていない

	毎日している	ときどきしている	ほとんどしていない	全くしていない
多	14.6	27.7	22.8	34.9
	15.4	29.7	21.9	33.0
少	19.2	36.3	19.8	24.7

図 4-5-③-4

4. 自然体験活動の効果

　キャンプ等の自然体験活動が、子どもたちにどのような効果をもたらすのか、さまざまな調査研究が行われている。多くの調査が、キャンプの前後に尺度を用いて調査を行い、得られた回答を得点化し、事前事後で比較をするものである。具体例をあげて、自然体験活動を行うことで、子どもにどのような変化をもたらすのか説明していきたい。

（1）「生きる力」に及ぼす影響

　橘らはキャンプ参加者の「生きる力」に及ぼす影響を検証するため、2001年に「生きる力」という概念を具体的に構成する指標を明らかにし「IKR評定用紙」を作成した[6]。

　はじめに、学校教育者と野外教育者の約200名を対象に「生きる力」を現す具体的で現実的な言葉を自由記述してもらい、それらを精選し、約100項目の具体的な指標となる言葉を選択した。次に、それらの項目に対し、4種類（A：「生きる力」があると思われる男の子、B：「生きる力」があまりないと思われる男の子、C：「生きる力」があまりないと思われる女の子、D：「生きる力」があると思われる女の子）のタイプに特定の子どもを連想してもらい、学校教育者と野外教育者の約350名が評定した。その結果をもとに分析し、各項目の弁別力・妥当性の検討を行った。

　その結果、「生きる力」は「心理的社会的能力」「徳育的能力」「身体的能力」の3つから構成されていると報告した。それら3つの指標は14の下位指標から構成されていると報告し（表5-1）、下位14指標各々について5項目（そのうち一つは逆転項目）、合計70項目から成る「IKR評定用紙」を作成した。

　橘らは「IKR評定用紙」を用い、2001年夏期に実施された「子ども長期自然体験村」（13〜31泊）54キャンプ、および独立行政法人国立少年自然の家・国立青年の家が主催した自然体験活動（7〜17泊）13キャンプ、合計67事業に

参加した1,279名（小学4年生〜中学3年生）を対象に調査を行った。その結果、キャンプ前後で、14指標すべてにおいて顕著な向上がみられ（統計0.1％水準）、長期キャンプが「生きる力」の向上に効果的であることを報告した[7]。

その後、さまざまな研究者がこの尺度を用いて、さまざまなキャンプを対象に調査を行い、同様の結果が得られている。

また、橘らが開発した尺度は70項目からなる膨大なものであった。そのため、キャンプ等の現場において短時間で調査が行えるよう、国立青少年教育振興機構は28項目の簡易版を作成した[8]。この簡易版も同様に、キャンプ後に顕著な「生きる力」の向上を示す結果が多く報告されている。

表5-1 「生きる力」を構成する指標

生きる力	心理的社会的能力	非依存
		積極性
		明朗性
		交友・協調
		現実肯定
		視野・判断
		適応行動
	徳育的能力	自己規制
		自然への関心
		まじめ勤勉
		思いやり
	身体的能力	日常的行動
		身体的体制
		野外生活・技能

（2）大脳の自己制御機能への影響

平野らは、人の前頭葉の主たる機能の一つである抑制機能に着目し、30泊31日の長期キャンプに参加した小中学生を対象に、go/no-go課題実験を行った[9]。抑制機能とは、変化する環境に適応するために、ある反応を続けようとする傾向に歯止めをかける機能である。

go/no-go課題実験は、ある刺激に対して、進む反応（go）と止める反応（no-go）をみるもので、この調査では3種類の実験を行った。
① 形成実験：赤色光のみが点灯し、点灯時にゴム球を握る
② 分化実験：赤・黄色光がランダムに点灯し、赤色点灯時のみゴム球を握る
③ 逆転分化実験：赤・黄色光がランダムに点灯し、黄色点灯時のみゴム球を

握る

　その結果、②③実験時の間違い数が、キャンプ後に減少した。これは、キャンプ経験が前頭葉の抑制機能の向上に影響を及ぼしたと考えられる。

　また、光トポグラフィ装置を用いて前頭葉の血流量の変化を調査し、キャンプ経験の前後の血流量の変化から、前頭葉の働きについての研究も行われている[10]。

（3）　自然体験活動が子どもの成長に及ぼす影響について

　キャンプを対象にしたさまざまな調査が行われている。「IKR 評定用紙」のように尺度を用いて調査するものや、活動中の子どもの様子を参加観察の手法を用いて記録するもの、専門的な装置を用いて体内の変化をみるもの等、さまざまな手法を用いた研究が行われている。

5．自然体験活動のもつ力

（1）　自然体験活動の魅力

　自然体験活動を行うことで、また、人は自然と向き合うことで冒険心をくすぐられたり、自然を克服することで達成感を味わったり、自然の中で活動することで心身ともにリフレッシュしたりすることができる。一方自然は、疲れているからといって、斜度が緩やかになったり、距離が短くなったりすることはなく、常に変わらない姿で存在し、時に厳しく、時に優しい表情をみせてくれる。そのような中で行う自然体験活動は、人の成長に必要な要素を総合的に含んだ活動であるといえる。

　平野は自然体験活動の教育的な意義として以下の項目をあげている[11]。

① 　自然そのものがもたらす学び
② 　自然の中での生活や活動がもたらす学び

③ 集団による活動・共同生活がもたらす学び
④ 新しい体験がもたらす学び
⑤ 多様な教育的成果が期待できる自然体験活動

　これらの要素を総合的に行えるのが、組織的に行われるキャンプである。

（2）子どもキャンプ教室の取り組み

　淑徳大学では、2010（平成22）年より公開講座で「子どもキャンプ教室」を開催している。このキャンプは千葉市内の小学校に通う小学3・4年生を公募し、7人班を8つつくり、4泊5日のキャンプを行うものである。キャンプの概要は表5-2の通りである。
　このキャンプでは、子どもたちの指導にあたる学生スタッフに対し、自然体

表5-2　子どもキャンプ教室の取り組み

【事業名】	淑徳大学公開講座「子どもキャンプ教室」
【主催者】	淑徳大学（指導責任者：総合福祉学部教授　土井浩信）
【趣旨】	自然体験活動やキャンプでの共同生活を通して、自然への理解を深め、感性を養い、仲間とともに力を合わせることやがんばることの大切さなどの「生きる力」を育む。
【実施時期】	8月前半【4泊5日】
【実施場所】	2010（平成22）年千葉市少年自然の家（千葉県） 2011（平成23）年国立南蔵王野営場（宮城県） 2012（平成24）年国立赤城青少年交流の家（群馬県）
【対象】	千葉市内の小学校3・4年生　56名（7名×8班）
【指導】	淑徳大学総合福祉学部教授　土井浩信 淑徳大学コミュニティ政策学部講師　瀧　直也 淑徳大学学生　40名
【プログラム】	1日目：テント設営、野外炊事 2日目：チャレンジハイク（課題解決型） 3日目：登山 4日目：クラフト、キャンプファイヤー 5日目：後片付け、ふりかえり

験活動の教育的意義が十分に発揮できるよう、以下の点を大切にしている。
① 班に2名の学生スタッフを配置し、指導、見守り、健康管理、安全管理を複数の目で見ていく。2名の連携が大切。
② 体験学習法に基づく指導法を基本とし、活動をやりっぱなしにせず、ふりかえりを重視する。
③ 子どもたちが主体的に考え、協力しながら解決策を見出せるような体験活動を基本とする。
④ プログラムが進むにつれ、【指導】→【支援】→【見守り】となるような介入をめざす。
⑤ 予定にとらわれすぎず、子どもたちの変化や状況の変化に柔軟に対応する。
⑥ セーフティーファーストを大原則とし、安全に関する介入は最優先事項とする。

また、子どもとの接し方については、学生に対し以下のような問いかけをしている。
○名前を覚えましたか？　何回子どもの名前を呼びましたか？
○子どもにも人格がある
　―自分の尺度で子どもを見ていませんか？
　―短所は長所で、長所は短所ですよね？
　―子どもによって接し方を変えられますか？
○先生、親、友だちとしての使い分けができますか？
○きちんと叱ることができますか？　怒っていませんか？
○子どもの力を信じていますか？　過信していませんか？
　―待つこと、見ること、教えること、注意すること

子どもを一人の人間として、そして集団の一員としてしっかり見守り、時間をかけてでも活動を行うことに意味があると考える。こういった子どもとの関わり方ができるのも、自然体験活動の魅力なのである。

6. 子どもたちに豊かな自然体験を

　自然体験活動の重要性や自然体験活動の効果、教育的意義について述べてきた。さまざまな教育者や研究者がその必要性を訴え、そして、多くの団体がさまざまな取り組みを行ってきている。近年では、幼児期の自然体験の重要性についても意見が述べられるようになっている。

　構えすぎたり、準備しすぎたりせず、気軽に自然の中で子どもと活動をすることが、はじめの第一歩となるであろう。それには、まず大人が自然体験活動を体験し、その意義やおもしろさを理解しなければならない。

　土井は、「どんなに優れた活動が創り出されても、それをどう扱い展開するかという、指導者自身の『人間』そのものが大きく作用するのだ」[12]と述べている。便利で豊かな社会だからこそ、以前は当たり前だったことが当たり前でなくなってきている。現代の子どもたちに必要なものは何か、そしてそれをどう提供するのかを、子どものそばにいる大人や、社会が理解し、行動していかなくてはならないのではないか。

【引用文献】
1)「青少年の野外教育の充実について」青少年の野外教育の振興に関する調査研究協力者会議　1996年
2)「新学習指導要領・生きる力」保護者用パンフレット　文部科学省　2010年
3)「社会総がかりで教育再生を―第二次報告―」教育再生会議　2007年
4)「経済財政改革の基本方針2007〜「美しい国」へのシナリオ〜」経済財政諮問会議　2007年
5)「幼稚園、小学校、中学校、高等学校及び特別支援学校の学習指導要領等の改善について」中央教育審議会　2008年
6) 橘直隆・平野吉直「生きる力を構成する指標」『野外教育研究』第4巻第2号　日本野外教育学会　2001年
7) 橘直隆・平野吉直・関根章文「長期キャンプが小中学生の生きる力に及ぼす影響」野外教育研究　第6巻第2号　2003年
8)「事業評価に使える！『生きる力』の測定・分析ツール」　国立青少年教育振興機構　2010年
9) 平野吉直・篠原菊紀・柳沢秋孝・田中好文・根本賢一・寺沢宏次・西條修光・

正木健雄「長期キャンプ体験が子どもの大脳活動に与える影響」国立オリンピック記念青少年総合センター研究紀要創刊号　国立オリンピック記念青少年総合センター　2001年
10) 瀧直也・芳澤靖仁・丸山春佳・篠原菊紀・栗原紀子・平野吉直「キャンプが子どもの脳活動に及ぼす影響～光トポグラフィ装置の調査を用いて～」日本野外教育学会第12回大会研究発表抄録集　2009年
11) 平野吉直「セッション１　学校教育における体験活動の意義」国立青少年教育振興機構『小学校長期自然体験活動指導者養成研修　講師用ハンドブック』国立青少年教育振興機構　2009年
12) 土井浩信「深めたい自然体験活動の意義」日本教育科学研究所『自然体験活動の方法（改訂版）』日本教育科学研究所　2003年

【参考文献】
・土井浩信・野口和行・平野吉直・鶴川高司『自然体験活動の方法（改訂版）』日本教育科学研究所　2003年

第5章　子どもの「生きる力」をはぐくむ自然体験活動　●111

コラム　森のようちえん―自然の中での保育

　森のようちえんは、1950年代、デンマークの一人のお母さんが仲間と一緒にはじめたといわれている。「子どもたちを豊かな自然の中で育てたい」という想いのもと、お弁当をもって森へでかけ、森で遊んで帰ってくる。一人のお母さんの思いが共感を得て、仲間が増え、活動が社会的に認められるようになり、やがて行政が運営する公立の幼稚園へと形を変えていったのである。

　そして、日本でも幼児期における自然体験活動が心身の発達によい影響を与えるという考えのもと、保育者や野外活動指導者による活動が広く行われている。日本では自然環境の中での幼児教育や保育を、「森のようちえん」*と呼んでいる。森のようちえんには園舎をもたず、森の中で活動を行っているものが多く、子どもたちが自然の中で遊び、自然を感じ、自然から学んでいる。一例を紹介しよう。

森のようちえん　てくてく（新潟県上越市）
【代　　表】NPO法人　緑とくらしの学校　理事長　小菅江美
【共育の柱】共に育ち合う姿を大切にし、子どもたちにかかわるすべての人が森で育ち合う姿を願う。「自然を感じる」「くらしをつくる」「子どもの力を信じる」
【トトロ組】（月～金曜日）　3～5歳児が一緒に活動
【ネコバス組】（水曜日）　0～3歳児の親子
【土曜日トトロ組】（土曜日）他の園に通う子ども
【トトロ組の一日】

9：00	登園／朝の会・あいさつ
10：00	森のてくてくさんぽ
11：40	火を焚き森のクッキング or お弁当タイム
13：15	創造の時間（手仕事・農の仕事・造形）
13：50	おやつ＆一日のふりかえりタイム
14：00	さようなら

【関連HP】（2013年3月19日閲覧）
森のようちえん　てくてく　http://www.green-life-school.or.jp/kindergarten/
森のようちえん全国ネットワーク　http://www.morinoyouchien.org/
＊日本では「森のようちえん」と表記している。これは認可幼稚園ではないということ、そして「ようちえん」を広く幼児が自然とふれあう場と捉えた総称として使用しているためである。

第6章

健康教育を中心とした教科体育

● 本章のねらい ●

　現在、私たちの社会は情報機器の普及、移動方法の発達、食生活の変化、医療の進歩などによって多くの恩恵を受け快適な環境で生活を営み、平均寿命も世界と比べて高い。そのような環境で生活している私たち個人に目を向けると、幼児では低・高体温症や夜型の生活リズム[1]、体力低下などの問題。児童・生徒ではいじめ、不登校、自殺、非・反社会的行動、体力低下、肥満などの問題がある。また成人では生活習慣病、精神疾患、就職意欲の欠如などであり、高齢者では寝たきり、孤独感などさまざまなライフステージで多くの健康問題が生じている。

　それらの健康問題に対する予防策として実施されているのが健康教育である。健康教育とは「一人ひとりの人間が、自分自身や周りの人々の健康を管理し向上していけるように、その知識や価値観、スキルなどの資質や能力に対して、計画的に影響を及ぼす営み」と日本健康教育学会は定義している[2]。

　健康教育は各ライフステージの健康問題の違いにより、それぞれの生活環境に応じた場、学校、地域、会社・企業組織などで実施され、教員・養護教諭、医師、保健師、栄養士などのさまざまな職種の人々が指導に当たっている。

　そこで本章では、子どもへの健康教育という視点から子どもの学びの場である学校においての健康教育の指導法について述べていく。その過程として学校での健康教育を理解する上で必要となる、「健康の定義」「学校教育での健康教育」「心身の健康」「教科体育」についての理解を深め、教科（体育授業）での健康教育実践の指導法、それは「健康に生きていける」能力を身につけさせるためにWHOが提唱している「ライフスキル」5セット10スキルを獲得させる体育実技の授業法を紹介する。

　また、学校や保育園等といった環境で子どもを保育・教育する先生方に、子どもが将来においても健康に生きていくことができる保育・教育のあり方を考えるきっかけになればと思う。

1．健康とは

　健康教育を考える上での「健康」とはどのような状態を示すのであろうか。私たちは自分の「健康」状態について漠然とした認識であることが多い。では「健康」の状態とはどのようなものであるかを考える時の一つの指標となるのが1946（昭和21）年の世界保健機関（WHO）憲章である。「健康とは、病気でないとか、弱っていないということではなく、肉体（身体）的にも、精神的にも、そして社会的にも、すべてが満たされた状態にあること」（日本WHO協会仮訳）[3]とし、単に病気でないという消極的な捉え方ではなく、身体的、精神的、社会的の3側面が良好ではじめて健康とした。

　その健康の3側面の具体的な内容は以下の通りである。
① 　身体的…身体症状の有無、機能、体力、パワー、免疫力、自立度など
② 　精神的…精神症状の有無、認知、記憶、判断能力、満足度、自律度など
③ 　社会的…社会的役割、適応、バランス、人間関係、ネットワークなど[4]

　しかし、健康の3側面（身体的、精神的、社会的）はそれぞれ一つの側面として区分されているが、たとえば社会的（人間関係）に問題があれば精神症状が発生し、それが身体に影響を及ぼして心身症を発病させる。このように健康は、3側面に区分されてはいるが身体的、精神的、社会的側面が相互に関連しているのを忘れてはいけない。

2．学校教育での健康教育

（1）　学校での健康教育

　学校教育における健康教育は、健康への知識の獲得を主にした保健学習と実践を主とした保健指導が行われてきた。保健学習は小学校高学年の体育、中学校の教科保健体育、高等学校の教科保健体育の保健で基礎的な知識の学習を展

開している。また、保健指導では学級活動・ホームルーム活動、安全指導などの特別活動や学校給食指導などを通じて子どもが主体的に健康な生活を営み、自己の健康を維持・増進していけるように指導することを目的として実施されている。

心の健康についても1986（昭和61）年4月23日の臨時教育審議会議第二次答申で、身体の健康だけでなく「心の健康」の重要性も掲げ、特別活動や保健体育だけでなく道徳、そして関連する教科の内容、あり方の検討を行っている。

また、1987（昭和62）年8月7日の第四次答申においても再度、健康教育を充実するため道徳、特別活動、保健体育など関連する教科の内容、あり方を検討するとした。これらの答申で健康教育は特定の教科・科目のみで実施されるのではなく、学校教育活動全般で行うようになり、心身の健康の維持・増進を図るために必要な知識、技術、態度などを学校教育の場で習得させることを目的とした教育活動となった。

（2） 学校体育と健康教育の関係

学校教育活動全体で子どもの心身の維持・増進に特に関わっている教科として考えると、心の教育は道徳や特別活動及び倫理などの教科である。身体においては運動・スポーツ種目を用いて身体全身を活動させる体育が主である。だが、体育は身体活動により身体を健康にするだけでなく運動技術を習得・向上させていく過程で、自己への気づきであったり、運動・スポーツとの関わりであったり、仲間・チームメイトとの関わりであったり、教師と子どもとの関わりであったりとした授業におけるさまざまな体験によって社会性や道徳性[5]の獲得、情意面の育成[6]といった心の教育も行える。

子どもの運動技術の習得・深化と社会性や道徳性の育成との関係は、運動技術が「できない（やってみたい・わかるような気がする）」から「できる」、そして「いつでもでき（る）」「自在にできる」といった獲得・深化していく過程で、子どもが自己の心身だけでなく仲間との葛藤、そして不安を体験しながらそれらを乗り越え、達成感や充実感の体験という過程を繰り返し人間形成をな

していく。

　また、2009（平成21）年の学習指導要領（高等学校　保健体育の教科体育）に、「自己の状況に応じて体力の向上を図る能力を育て、公正、協力、責任、参画などに対する意欲を高め」と述べ[7]、子どもの興味、関心、能力、運動習慣等の個人差をふまえ、それぞれに応じて体力の向上を図る能力（運動に関連して高まる体力やその高め方の理解）を育て、そして各運動に関する領域の学習を通して子どもに身につけさせたい情意面の目標を示している。これは、学校教育における体育が心身の健康を担う教育分野であるからと考えられる。

3．心身の健康

（1）　心（ストレス）と健康

　心の健康とは「いきいきと自分らしく生きるため」の重要な条件であるが[8]、個人の資質や能力のほかに身体条件、社会経済状況、住居や職場（学校）の環境、対人関係など、多くの要因が影響し、中でも身体の状態と心は相互に強く関係（心身相関）している。よって健康を維持するには、心の健康に留意することが大切である。

　その心の健康を害する要因として一般的に知られているのが、心理的ストレスである。ストレスという言葉は人を対象とする意味では、ストレッサー（外的刺激）によって引き起こされる心理的・身体的反応と総称される[9]。ストレッサーによるストレス反応の強弱には個人の認知や行動が重要な意味をもっている。これは同じストレッサーに直面しても個人によってストレッサーに対する処置の仕方が異なり、また、行った対処によって引き起こされるストレス反応の種類や程度が変わってくるからである。

　しかし問題なのは、長期にわたって持続的にあるいは繰り返しストレスに晒されると抵抗力が低下し、免疫機能の障害、腎臓や肝臓、心臓血管など、さまざまな側面に重大な影響を及ぼす。たとえば、不安、恐怖、怒りなどの感情に

より血糖値や血圧の上昇などの影響が現れる。心理的ストレスでは呼吸器系、消化器系、神経系、皮膚科領域などに影響がある。

（2） ストレス対策

　身体症状を発症させないためにも、ストレスへの対処が重要である。ストレス対策としては、次の３つが必要である。
① ストレスに対する個人の対処能力を高めること
② 個人を取り巻く周囲のサポートを充実させること
③ ストレスの少ない社会をつくること
　しかし、②③は企業組織や県もしくは国の政策レベル問題であり個人レベルでは困難である。個人レベルで考えるならば、学校、職場などで①のストレスに対する個人の対処能力を高める教育・指導を行うのが現実的である。
　ストレス対策とともに、身体症状を発症させるストレッサーも理解しておく必要がある。そのストレッサーの種類には、次の３種類がある[10]。
① 物理的ストレッサー（騒音、寒冷など）
② 化学的ストレッサー（排気ガス、薬品など）
③ 心理社会的ストレッサー（対人関係、仕事上の問題など）
　それらの中でも、ストレスを考える上で心理社会的ストレッサーは非常に重要である。われわれは常に人との繋がりによって営まれている社会に生活をし、他者からの関わりなくして生活は成り立たない。一方で、現代はストレス社会といわれており、大人だけでなく子どもでも心理社会的ストレッサーにより、いじめや不登校、非社会的・反社会的行動、自殺などに向かわせ、子どもの心の健康を大きく害している。
　心理社会的ストレッサーの対処能力を高める教育プログラムとして、ソーシャルスキル（社会的スキル）教育、ライフスキル教育プログラムなどがあり、職場や学校で実施されている。学校では特別活動や保健指導において子どもに教育をしている。

（3） ライフスキル教育

　ライフスキル教育は日本の学校教育において主に特別活動の時間を用いて実践されている[11]が、一部の教科指導に取り入れられた実践もなされている[12]。ライフスキルは「メンタルヘルスや生活の質を向上させて、心身共に健康に生きることを達成するための具体的なスキル」[13]で「健康に生きる」という目標を達成するために獲得するスキルである。ライフスキル教育は「ソーシャルスキル」「認知的スキル」「情意的スキル」の3スキルの獲得をめざしており[14]、アメリカ等では既に実践され高い教育効果を示している[15]。

　一方、世界保健機関（WHO）はライフスキルを次のように定義している。「ライフスキルとは個々人が日常生活で起こる要求や難問に対して、効果的に対処できるように、適応的に、ポジティブに行動する上で必要な能力である」[16]とし、日常生活で発生するストレッサーに対処するストレス反応（情意的、認知行動的、身体的反応）を軽減させる能力である。

　世界保健機関（WHO）が述べている基本となるライフスキルは、5セット10スキルである（表6-1）。

　5セットになっているのは、一つのスキルがもう一つのスキルと同じカテゴリーにあるということである。各スキルの内容は次の通りである[17]。

① 　自己認識スキル（Self-awareness）

　自分自身の長所や短所などを理解するスキルである。このスキルを身につけると、どんな時にストレスを感じるか、緊張するかということも事前に理解す

表6-1　ライフスキル（5セット10スキル）

情動対処スキル （理解・認識）	認知的スキル （思考）	情動対処スキル （自身の制御）	ソーシャル スキル	認知的スキル （判断・行動）
自己認識	創造的思考	情動対処	効果的コミュニケーション	意志決定
共感性	批判的思考	ストレス対処	対人関係	問題解決

資料：ライフスキルの内容　松野光範・来田宣幸「ライフスキル　現在社会の暗黙知」横山勝彦監修　辻淺夫他編『ライフスキル教育―スポーツを通して伝える「生きる力」―』昭和堂　2009年　pp.27-30参考

ることができる。また、自分自身を理解することは人間関係をうまく構築するだけでなく、他者への共感性を高めるのにも有効である。

② 共感性スキル（Empathy）

　他者の意見、感情、立場、気持ちなどを感じるスキルである。共感性を身につけていると、自分とはまったく異なる状況におかれた人であったとしても、その人を理解して受け入れることができる。ただし、共感は同情や哀れみとは区別される。

③ 創造的思考スキル（Creative thinking skills）

　直接経験していないことであっても、自分で創造的に考えるスキルである。このスキルが高いとどのような選択肢があるのかを考え、行動すること、しないことで、発生するさまざまな結果について考えることが可能になる。それにより新たな選択肢の発見や自分がとる行動について考えられる。

④ 批判的思考スキル（Critical thinking skills）

　情報や経験を客観的に分析するスキルである。このスキルは、外部からの情報や圧力を「無条件で受け入れることはない」という意味で、自分の頭で考え、自分の周りの価値観、仲間の圧力、メディアといった人々の行動や態度に影響する事柄を理解し、その正しさや確かさを評価することが可能になる。

⑤ 情動対処スキル（Coping with emotions）

　怒りや喜びなどの感情をうまくコントロールするスキルである。自分や他者の情動を認識し、そして、その情動が行動に与える影響を理解することで、情動に適切に対処できるようになる。このスキルが低いと怒りや悲しみのような強い情動にうまく対処できずに感情に依存した突発的な行動を取り、問題行動に繋がることも考えられる。

⑥ ストレス対処スキル（Coping with stress）

　自分自身のストレス状態を適切にコントロールするスキルである。日常生活におけるストレスの発生源を認識し、ストレスの影響力を理解することもストレス対処には重要である。また、ストレスによる緊張が心身に悪影響を及ぼさないようにするため、リラックス方法を身につけるのも必要である。

⑦ 効果的コミュニケーションスキル（Effective communication skills）

言語や非言語的表現を用いて、適切に、他者にメッセージを送ったり、他者からメッセージを受け取ったりするスキルである。相手に対して意見や要望をうまく伝えるだけでなく、欲求や恐れを相手にうまく表現したり、さらにはアドバイスや助けを他者に求めたりすることができるようになる。

⑧ 対人関係スキル（Interpersonal relationship skills）

好ましい方法で他者との関係を構築・維持するスキルである。友人やメンバーとの友好的な関係を構築することによって、社会的支援の基盤を獲得することになる。また、適切な方法で他者との関係を終了することもこのスキルに含まれる。

⑨ 意志決定スキル（Decision making skills）

いくつかの選択肢の中から最も適切と思われるものを選択するスキルである。ある問題や課題について判断や解決しなければいけないときに、考えられる選択肢について適切に評価し、行動するスキルである。このスキルを身につけていると主体的に意志決定を行うことができる。

⑩ 問題解決スキル（problem solving skills）

意志決定スキルと類似の概念であり、直面する日常の問題を建設的に処理するスキルである。処理しないといけない課題を未解決のまま放置してしまうと、精神的ストレスや身体的緊張の原因となることがある。このスキルを身につけていることは、心の健康維持増進には必要である。

これらのライフスキルを学ぶための授業法の一つとしては、すべてのスキルを一度に学ばせるのではなく、現状の子どもの問題に即した一つのスキルを教師が選択し学ばせる。選択したスキルにおいても1～3段階のレベルがあり、子どもの現状に合ったレベルの内容を選択する。ただし、レベル1から段階を追って指導するのが一般的である。また、ライフスキルは知識の伝達にとどまらずにストーリーテリング、モデリング、ブレインストーミング、グループディスカッション、ディベート、ゲーム、ロールプレイングなどの手法を用いて体験から得られる学びを重要視している。

4. 身体（体力）の健康

（1） 身体（体力）と健康

　体力とは一般的に人間が行動する、活動する能力と思われているが、体力には「行動体力（運動や活動にかかわる部分）」「防衛体力（病気や生存にかかわる部分）」に分類され、「人間の活動や生存の基礎となる身体的能力である」と体力を定義している。

　行動体力とは体内のエネルギーを身体運動・活動という形で外部に積極的に発揮する能力であり、活動体力と運動能力との同義である。そして防衛体力とは、外部（体外）からの各種ストレスに対し、これを防衛し自己の健康を維持しようとする能力である。各種外部環境の変化に対して生体は内部環境を一定の状態に保持しようとする恒常性が働く、そのため健康保持能力や抵抗力とも呼ばれる。これだけをみれば、健康に関係しているのは防衛体力が主であると考えられるが、最近、行動体力においても健康との関連が高く、健康を維持・増進するために重要な体力であるとされている[18]（図6-1）。

　行動体力を細分化してみると形態と機能に分類でき、形態には体格・姿勢、機能には筋機能、心肺機能、神経機能、関節機能に分けられ、機能ごとに体力要素が示される。

・筋　機　能…筋力、瞬発力、スピード、筋持久力
・心肺機能…全身持久力
・神経機能…敏捷性、平衡性、協応性、巧緻性
・関節機能…柔軟性

　体力要素は、健康を維持・増進するための健康関連体力と運動・スポーツをするための技能関連体力に区分される（図6-2）。

　技能関連体力は、労働やスポーツなどの身体活動において重要視される敏捷

性、筋パワー、スピード、平衡性、巧緻性などの要素を中心とした体力である。

健康関連体力は、日常生活を健康に過ごすために重要となる体力で、全身持

図6-1　体力の構造

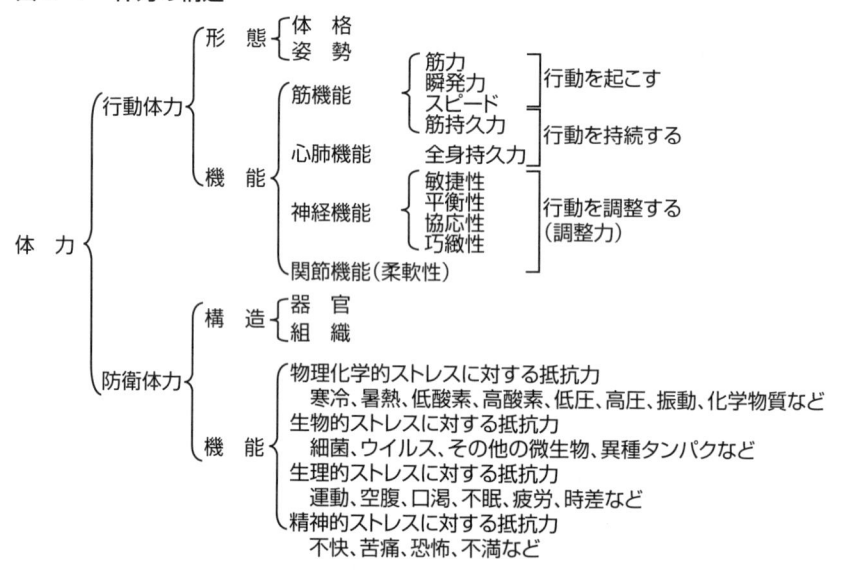

```
                    ┌形　態┬体　格
                    │      └姿　勢
                    │        ┌筋力
              ┌行動体力┤        │瞬発力          行動を起こす
              │      │     ┌筋機能┤スピード
              │      │      │      └筋持久力      行動を持続する
              │      └機　能┤心肺機能　全身持久力
体　力┤              │      │        ┌敏捷性
              │              │神経機能┤平衡性      行動を調整する
              │              │        │協応性      （調整力）
              │              │        └巧緻性
              │              └関節機能（柔軟性）
              │      ┌構　造┬器　官
              │      │      └組　織
              │      │      ┌物理化学的ストレスに対する抵抗力
              │      │      │　寒冷、暑熱、低酸素、高酸素、低圧、高圧、振動、化学物質など
              └防衛体力┤      │生物的ストレスに対する抵抗力
                     │      │　細菌、ウイルス、その他の微生物、異種タンパクなど
                     └機　能┤生理的ストレスに対する抵抗力
                            │　運動、空腹、口渇、不眠、疲労、時差など
                            └精神的ストレスに対する抵抗力
                              　不快、苦痛、恐怖、不満など
```

出典：佐藤進「体力とは何か」出村愼一監修・佐藤進他編『健康・スポーツ科学講義　第2版』杏林書院　2011年　p.39

図6-2　体力要素の区分

```
                      ┌─敏捷性(Agility)─────┐
                      │─筋パワー(Power)──────│
                      │─心肺機能(Cardiorespiratory Endurance)│
技能関連体力          │─筋　力(Musclar Strength)│  健康関連体力
(Motor Fitness) ←────┤─筋持久力(Musclar Endurance)├→ (Health-Related
                      │─柔軟性(Flexibility)───│  Physical Fitness)
                      │─身体組成(Body Composition)│
                      │─スピード(Speed)──────│
                      └─平衡性(Balance)──────┘
```

出典：健康関連体力と技能関連体力　佐藤進「体力とは何か」出村愼一監修　佐藤進他編『健康・スポーツ科学講義　第2版』杏林書院　2011年　p.41

久力、筋力、筋持久力、柔軟性、形態の身体組織が健康に関わる体力要素である。

健康関連体力と健康との関連を簡単に説明すると、健康阻害要因の一つである生活習慣病など肥満やメタボリックシンドロームに起因する各種疾患の予防や軽減には有酸素的、持久的（全身持久力）な運動を適切な強度で実施することが有効である。それ以外にも有酸素的運動の実施により基礎代謝量の維持、動脈硬化のリスク軽減、ストレスの解消などの効果を及ぼす[19]。

また、筋力や筋持久力が優れているほど日常生活におけるさまざまな身体活動（物や荷物の上げ下げや移動など）に余裕がもてる。そして筋力の強化は腰痛や姿勢の矯正にも役立ち、基礎代謝量の増加にもなる。

柔軟性においては、柔軟性が劣ってくると姿勢に影響が及び筋力の不均衡な発達をもたらすとともに内臓疾患や腰痛などの原因にもなるだけでなく、運動中の障害発生の危険性が高まる。このように、健康関連体力が高いことも健康的な生活を営むのに重要な要因である。

（2）　健康づくりのための運動指針2006

運動が健康であるための重要な要因の一つであるが、個人によって必要とされる運動量に差異があるため、健康になるための運動量の基準値の明確な提示が必要である。

厚生労働省は、2006（平成18）年に生活習慣病予防に重点をおいた運動指針「健康づくりのための運動指針2006」を作成した。その運動指針は2000（平成12）年に策定された「健康日本21」の中間報告の結果をふまえ、1989（平成元）年に策定された「健康づくりのための運動所要量」を見直し、健康づくりに必要な運動量・身体活動量を新たに示すとともに、運動基準に基づいて安全で効果的な運動を行うことを目的として策定された指針である。

運動指針は、身体活動（安静にしている状態よりも多くのエネルギーを消費するすべての動き）を運動（体力の維持・向上を目的として計画的・意図的に実施する活動）と生活活動（運動以外のものをいい、職業活動上のものを含む）に分け、身体活動量の単位を「エクササイズ」と独自に決定した。その「エク

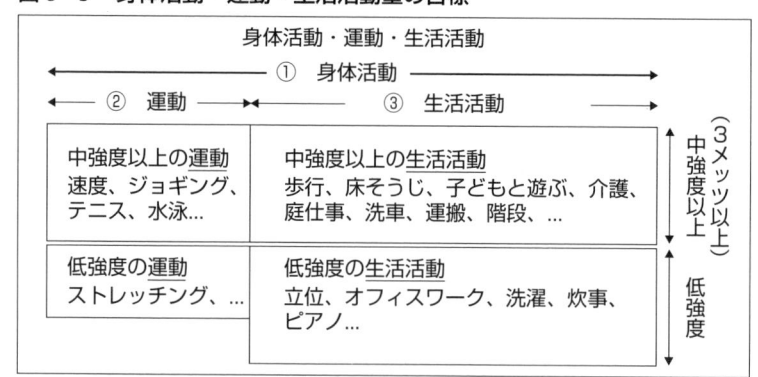

図6-3　身体活動・運動・生活活動量の目標

	身体活動・運動・生活活動	
	① 身体活動	
② 運動	③ 生活活動	
中強度以上の運動 速度、ジョギング、 テニス、水泳…	中強度以上の生活活動 歩行、床そうじ、子どもと遊ぶ、介護、 庭仕事、洗車、運搬、階段、…	中強度以上（3メッツ以上）
低強度の運動 ストレッチング、…	低強度の生活活動 立位、オフィスワーク、洗濯、炊事、 ピアノ…	低強度

出典：身体活動・運動・生活活動の定義「健康づくりと運動プログラム」青木純一郎監修・荒井弘和他編『健康運動実践指導者　養成用テキスト』財団法人健康・体力づくり事業財団　2009年　p.86

ササイズ」は「メッツ」×「運動時間」で算出でき、週23エクササイズ（メッツ・時）の身体活動量とし、その活動量に「活発な身体活動（3メッツ以上）」と「活発な運動4エクササイズ以上」を含むことを推奨し目標としている（図6-3）。

しかし、この指針は健康な成人を対象としていることで、子どもには適応しない。子どもへの対策としては外遊びの減少やテレビ、テレビゲームなどの非活動的な時間の増加により身体活動量が低下していると考えられ、それらの使用回数・時間の減少が重要となる。そのような取り組みによってできた時間を、屋外遊びにあて身体活動量を増加させるのが適切である。

5. 心身を健康にする教科体育

(1) 教科体育の指導内容

教科体育は、高等学校の学習指導要領においても「自己の状況に応じて体力の向上を図る能力を育て、公正、協力、責任、参画などに対する意欲を高め」

とあり、子どもの体力の向上、社会性・道徳性の育成を目的として心身の発育・発達を指示している。

その目標をめざす教科体育の学習内容は「運動学習」「認識学習」「社会的学習」「情意的学習」の4学習とされている[20]。それぞれの学習内容は次の通りである。

① 運動学習

運動が「できる」ようにするための指導である。運動ができるとは、ただ頭でその動きをイメージしたり、理解したりするだけでなく、動き方の「コツ」を身体が理解し、技などの動きの運動感覚能力をもたせる学習である。

② 認識学習

体育諸科学の知見を基本とした体力・トレーニングの知識、運動生理学などのスポーツに関わる科学的、論理的な認識能力を高めることが主たる目的とする理論学習と、運動学習の中で中心となる技術・戦術の知識の習得、及び学習効果を高めるような科学的思考や問題解決力、学び方など機能的な認識能力を向上させる学習である。

③ 社会的学習

スポーツ参加や日常生活に必要とされる自律と共同参加の能力、批判力、判断力、行動力、創造力、共感性、柔軟的思考力、コミュニケーション能力の育成・向上させる学習である。

④ 情意的学習

子どもの個性や運動能力レベル、個人的・個性的体験などによって身体運動の「楽しさ」や「喜び」は違ってくるが、「動く楽しさ（喜び）」「集う楽しさ（喜び）」「解る楽しさ（喜び）」「伸びる（できる）楽しさ（喜び）」を体験させる学習である。

これらの学習によって教科体育は、身体を鍛え体力を向上させ、身体を健康にする教育だけではなく、また、運動技術を獲得する教育だけでもない。教科体育は、身体運動によって子どもの心身の健康とともに人間形成が行える教育の場であると考えられる。

その例として、児童・生徒の社会性、道徳性、情意面、自己肯定感などの心

の健康教育をめざした指導実践もある。だが、これらの実践も認識学習、社会的学習、情意的学習を目標として、それぞれの学習について個別に目標をおき指導しているのではない。運動学習を通してそれらの学習効果を高めていることを間違ってはいけない。

（2） ライフスキルをはぐくむ体育指導

　スポーツとライフスキル教育の関係として日野は、スポーツが児童・生徒のライフスキルをはぐくむ有効な場になり得るとし、指導者のライフスキルに関する意図的な指導や積極的な関与が必要であるとしている[21]。これは、運動部活動を対象とした調査から導き出された結論である。この結論を援用すれば、スポーツ種目を指導している教科体育にも同様のことがいえるはずである。たとえば、グループ学習であれば子ども同士の技術の教え合いを取ってみても、自分の技術知識を他者にわかりやすく伝えるために「効果的なコミュニケーションスキル」が必要であったり、どのような内容で、どのような言葉を用いたならば、他者に運動の動きを理解してもらえるのかと考える「意志決定スキル」であったり、自身も他者、もしくはチームの運動技術を向上させるにはどこに注意する必要があるのかを理解し、建設的に解決していく「問題解決スキル」が必要であったりする。このように、グループ学習の一場面でもさまざまなライフスキルを活用して問題を解決していく状況がある。

　私の指導経験からライフスキルをはぐくむ教科体育の指導法としては、男女共習のグループ学習を主とした授業形態とするのが望ましい。そこには性別だけでなく、性格、考え方、能力差といったさまざまな違いや差があるメンバー構成の中で、チームとしてまとまり、個人の技術向上とともにチーム力の向上を図らせる過程で、個人・チームとしての問題や課題を、チーム全員で解決していくことにより、子どもはライフスキルを獲得していく。

　だが、ライフスキルは、授業の一場面で10スキルすべてを獲得できるものではない。子どもの長期にわたる継続的な授業への意欲的・積極的な参加が求められ、全力で運動する姿勢が必要となる。そのためには、運動の楽しさ（喜び）

を体験させ、授業への興味関心をもたせ、高めるのが重要である。その方法として、めあて学習とコーディネーショントレーニング（運動遊び）を授業に取り入れる。めあて学習で個人の現段階に適した目標を設定する。個人に応じた目標設定により、目標に到達しやすく、そこから得られる達成感や充実感が体験でき、「伸びる楽しさ」や「解った楽しさ」を感じられる。また、コーディネーショントレーニング（運動遊び）では、技術を向上させるための基本となる動きの獲得や感覚神経の発達を促すだけでなく、高度な運動技術を必要としない身体運動の実施で、運動能力の高い低いに関係なく、純粋に「動く楽しさ」や「集う楽しさ」を感じられる。よってめあて学習とコーディネーショントレーニング（運動遊び）は毎授業に取り入れ、実施していくことで、子どもの運動への興味関心、そして体力と運動技術を高める効果がある。

　また、球技では授業内で試合を行い、スポーツ種目の特性にふれさせたり、戦術を考えさせたりして運動の楽しさや自主性、社会性などを体験させているが、すべての子どもが体験しているとはいえない。それは一部の運動能力・技術の高い子ども、運動に意欲的な子どもである場合が多い。だから、すべての子どもが意欲的に試合に参加できるルールの工夫が必要である。

　そのルールの工夫としては、球技で楽しさや喜びを強く感じられる場面は、得点に直接関わるプレーであるから、そのプレー回数が多くなるようなルールづくりをすることである。

　このようなルールの工夫をすることは、試合に至るまでの授業で楽しさ（喜び）を多く体験させていても、試合から得る楽しさが欠如すれば、その種目自体、授業自体が楽しくなかったと感じさせることになり、次の授業への参加意欲に結びつかない。特に体力差、技術差が大きいといわれる男女共習授業では重要な授業方法の一つである。今まで記述してきた内容を授業で実践すると次のようになる。

- 整列・挨拶
- 出欠確認
- 本時の説明と前時の振り返り
- グループミーティング（本時の目標決定）
- 準備運動、ストレッチ（グループで）
- コーディネーショントレーニング（運動遊び）
  ① ボールリフティング
  ② ツーボールパス
- パスをするためのウォーミングアップ
- アンダーハンドパス
- オーバーハンドパス
- リアクションパス
- ナンバーパス
- クーリングダウン
- グループミーティング（本時の反省）
- 本時のまとめ
- 挨拶・解散

　これはバレーボールの初期（アンダーハンドパス、オーバーハンドパス）の授業内容である。この授業では、すでに技術能力が均等になる男女混成のグループに分けており、リーダーと副リーダーもグループ内で決定している。

（3）まとめ

　本節は、子どもに生じている心身の健康問題を教科体育指導によって解決する手がかりを提示した。指導の留意点としては、ありきたりであるが子どもに応じた身体運動で得られる「楽しさ（喜び）」を体験させ、運動嫌いにさせないことである。そのために、さまざまな方法を用いて4つの「楽しさ（喜び）」を体験させるのが重要となる。本節では、そのための方法としてめあて学習、

コーディネーショントレーニング（運動遊び）、試合でのルールの工夫を紹介した。そのような実践で、子どもが運動の楽しさを体験し、授業への意欲が高まり、体力や技術の向上も示し、身体を健康にする教育実践となる。

　また、男女共習授業とグループ学習を展開し、授業内で小さな社会を形成させ、他者との関わりを強めたことで、ライフスキル及び社会性、道徳性をはぐくみ、心を健康にする教育実践も可能にする。

　このような子どもの心身の健康を意識した教育を、保健体育や保健体育科以外の教科、教員で多く展開され、健康教育が実施されることで、少しでも子どもの問題や課題が解決されるのを期待する。

【引用文献】

1）前橋明「近年の子どものからだの異変とその対策」日本幼児体育学会編『幼児体育―理論と実践　第3版』大学教育出版　2011年　pp. 5－8
2）日本健康教育学会：健康教育の定義
　　http://nkkg.eiyo.ac.jp/pg298.html（2013年3月19日閲覧）
3）社団法人日本WHO協会：健康の定義
　　http://www.japan-who.or.jp/commodity/kenko.html（2013年3月19日閲覧）
4）園田恭一『社会的健康論』東信堂　2010年　p. 14
5）坂本仁「男女共習を目指した武道（柔道、剣道、なぎなた）・ダンスの効果的な選択授業について」『スポーツと健康』第30巻第3号　第一法規出版　1998年　p. 44－45
6）山西哲也「不登校生徒における情意領域の変容―体育授業でのバドミントン指導の実践から―」日本学校教育学会『学校教育研究』第24巻　2009年　pp. 220－221
7）文部科学省『高等学校学習指導要領解説　保健体育・体育編』東山書房　2009年　pp. 15－16
8）財団法人健康・体力づくり事業財団「健康日本21（21世紀における国民健康づくり運動について）」2000年　p. 103
9）上里一郎・三浦正江「ストレスと健康」日本健康心理学会編　山本多喜司・野口京子編『健康心理学概論』実務教育出版　2002年　p. 45
10）同上書　pp. 45－49
11）森田司郎「特別活動における人間関係の学習に関する基礎的研究－ライフスキル教育プログラムの事例を通して」『カリキュラム研究』第10巻　2001年　pp. 85－98
12）文部科学省初等中等教育局「不当児童生徒の実態に応じた効果的なカリキュラム―実態の課題に応じた心理社会的能力の育成」『問題行動への対応における

NPO等の活用に関する実践研究事業』報告書　2010年
13）松野光範・来田宣幸「ライフスキル―現在社会の暗黙知―」横山勝彦他編著『ライフスキル教育―スポーツを通して伝える「生きる力」―』昭和堂　2009年　p.24
14）皆川興栄『人生をよりよく生きていくために必要な能力　ライフスキル―親と教師のために―』考古堂書店　2006年　pp.179-180
15）同上書　pp.22-23
16）同上書　p.9
17）前掲書13）　pp.27-30
18）佐藤進「体力とは何か」出村愼一監修・佐藤進他編『健康・スポーツ科学講義　第2版』杏林書院　2011年　p.38
19）同上書　pp.39-40
20）友添秀則「体育科の目標論」高橋健夫他編著『体育科教育学入門』大修館書店　2002年　pp.44-45
21）日野克博「中学校部活動における生徒のライフスキル獲得と生徒からみた指導者のライフスキル指導との関係」『愛媛大学教育学部保健体育紀要』第7巻　2010年　p.44

【参考文献】
・久保正秋『体育・スポーツの哲学的見方』東海大学出版会　2010年
・竹田清彦・高橋健夫・岡出美則編著『体育科教育学の探究―体育授業づくりの基礎理論―』大修館書店　1997年
・浅野勝己・田中喜代次編『健康スポーツ科学』文光堂　2004年
・国立教育政策研究所編『健康教育への招待―生涯の健康を支えあう家庭・学校・地域』東洋館出版社　2008年
・久住眞理監修『心身健康科学シリーズ　心身健康科学概論　第2版』人間総合科学大学　2012年
・森和代・石川利江・茂木俊彦編『よくわかる健康心理学』ミネルヴァ書房　2012年
・三木四郎『新しい体育授業の運動学―子どもができる喜びを味わう運動学習に向けて』明和出版　2005年

コラム　体育での健康教育実践の効果とはどんなもの？

　学校における体育の授業は、唯一スポーツ種目などを通して身体全身を主に動かす時間である。それによって体力が向上し、身体面での健康が促されるとしているが、現状では体育嫌いな子どもや体力の二極化がいわれており、子どもの身体面での健康問題が生じている。また、自分に自信をもっていない、強いストレッサーにさらされストレスを感じている、物事に意欲的でないなどの心の健康問題もある。

　心身の健康問題によって児童生徒は未来に希望や夢がもてなくなるだけでなく、今、未来において楽しい生活を営むのは難しいのではないか。子どもはみな幸せになる権利をもっている。子どもの明るい未来を手助けするのが教員であり、そのための教育が必要である。そこで、教科指導で心身も健康にできる授業実践を行った。その実践を受講した者は、「運動はあまり好きではなかったし、今まで体育の授業も自分が好きな種目以外あまり楽しいとは思えなかった。体育の授業のバレーボールなどは苦痛でしかたなかった。だけど、スポーツ実技の授業を受けていくうちに、自然と運動が楽しいと思えるようになった。大嫌いだったバレーボールでも、何か技ができるようになると本当に楽しくてしょうがなかった。チーム内で雰囲気が悪いこともあったが、それがどうしたらよくなるのだろうかと自然に考えていた。せっかく同じチームなのに全員で楽しまなければ意味がないと思った。運動しながら、周りとコミュニケーションを取ることで、一人だけで楽しむというのではなく、みんなで楽しみたいと思うようになった。できないこともめげずに続けたら、できるようになったこともあり、何事も諦めないというのが大切だと思った」と運動に対する思い（考え）を振り返っている。

　その振り返りから受講者は、体育授業でのさまざまな体験を通して、社会で「よりよく生きていく」ために必要な能力のいくつかを身につけたと思われ、受講者の心身の健康に役に立ったのではないか。このような心身を健康にする教育実践を教科にこだわらずに多くの教員が積極的に実践し、子どもが元気で明るく生きていけるための支援を行ってもらいたい。それが教員の一つの努めであると思う。

第7章

治療的関わりとしてのプレイセラピー

● **本章のねらい** ●

　本章では、子どもを対象とした支援のひとつとして、「プレイセラピー」について解説を行う。子どもを対象とした支援としては、母子を対象としたさまざまな行政サービスが展開されているし、病院にも小児科という独立した科がある。また、幼稚園や保育園、小学校なども、子どもの学びや適応を支えるという意味で、支援の場といえる。プレイセラピーは、これらのような子どもを支えるための行政サービスや支援の場のどこででも行われるものであり、支援の「方法」のひとつとして考えることができる。現在は、病院などの医療機関、児童相談所などの行政機関、児童養護施設などの福祉施設、地域の教育関連の相談施設など、子どもを対象とした支援に取り組む場の多くにおいて実践がされている。

　プレイセラピーは、臨床心理学という学問的な基盤を背景とし、子どもが示すさまざまな心理的問題に対処するための支援方法である。そのため、基礎的な心理学の知識を習得した上で、大学院にて臨床心理士としてのトレーニングを受けた専門家によって実践される専門活動といえる。

　本章では、子どもを支援するための方法のひとつとして、プレイセラピーの基本的内容やさまざまな理論的背景についての理解を目的とする。

1. 子どもを対象とした支援の必要性

　子どもの発達には、生まれた時代や文化圏など、取り巻く環境の影響が大きく関わってくることが知られている。人種による差などは理解しやすいかもしれないが、生まれた時代によっても発達の仕方に変化が生じている。「発達加速現象」と呼ばれる現象は、世代が新しくなるにつれて身体的な発達が促進される現象で、身長や体重などの量的側面に関する成長加速現象と、初潮や精通などの質的変化に関する成熟前傾現象がある[1]。一昔前に比べると、子どもの成長のスピードが速まっていることを表すものであり、これにはヒトの進化的な理由や食生活の問題など、さまざまな原因が考えられるが、子どもが生まれてきた時代によって、その成長の速度が変わってくるということを留意しておかなければならない。加えて、虐待のような状況下での養育不全によって、子どもの成長に遅れが出てしまうことは容易に想像ができるであろう。また、子どもの発達には個人差も大きく、生まれてくる体重もさることながら、首の座り、初語、歩きはじめなど、できるようになる時期にはいくらかのばらつきがみられる。

　このように、子どもの成長発達には環境や個人による違いがあり、あくまでも「平均」とされる時期に、ある成長発達の指標がみられないからといって、それがすぐには異常と判断されるわけではない。しかし、ときにはさまざまな理由から、成長発達の問題が生じることもある。先天性もしくは出産後早期にみられる疾患によって、通常期待されるような成長がみられないこともあれば、心身の成長発達には問題がなくても、幼稚園や保育園、学校などの社会的場面において不適応状態を示すこともある。さらに、家庭内においても、上記に述べた虐待のような不適切な環境に置かれることによって、成長発達に問題が生じることもある。そして、このような子どもの内的な要因と環境からの外的な要因は、多くの場合、それらが複雑に絡み合って、子どもの生活上の問題として表現されることになる。

　そのような子どもが直面する可能性のある問題への対応としては、たとえば

身体的な疾患であれば、医療機関において適切な処置を受ける必要がある。不登校などの社会的場面での不適応状態であれば、教師や保育士など、その場面の専門家の支援を受けながら、問題への対処を行っていく必要がある。このような、子どもが直面する問題への一次的、もしくは直接的な支援をふまえた上で、それらの対応だけではうまくいかない場合や、心の問題による影響が大きいという判断がされた場合に、心理学の理論を応用した援助実践の方法として「プレイセラピー」がある。重要なことは、子どもが抱えるどのような問題に対しても、支援の選択肢としてはあくまで控えめだということである。

たとえば、不登校のきっかけには、クラス内でのいじめ問題があるかもしれない。または、本人が勉強についていけないために、学校にいることが苦痛であるのかもしれない。そのような場合にまず必要なことは、いじめの解消を含めたクラス内の環境調整であるし、勉強についていくための具体的な学習支援である。もちろん、このような問題解決方法の立場に立つ場合であっても、臨床心理士の果たす役割は大きい。クラス内の環境調整であれば、スクールカウンセラーによるクラス内のアセスメントや、教員に対するコンサルテーションは有効な取り組みとなることが期待できるし、勉強へのつまずきの背景には、学習障害のような特別な支援が必要な場合もあり、その際のアセスメントや情報処理をスムーズにするための支援については、心理学的な理論が有用である。

しかし、プレイセラピーは、このような現実世界での支援とはやや趣きが異なるものである。厳密にいえば、狭義のプレイセラピーとは、プレイルームと呼ばれる非日常的な空間の中で行われるものであり、クライエントである子どもとセラピストの人間的な関わりの中で、治療的なアプローチを行っていくものである。そのため、プレイセラピーを行うには、クライエントとなる子どもがプレイルームに通ってくる必要があり、そのためのコストも発生する。そのようなさまざまな条件を考慮し、その子どもに心理学的な支援が有効であると判断された場合に、はじめて治療的関わりとしてのプレイセラピーがはじまるのである。

これらの前提を踏まえて、本章では、まずプレイセラピーとはどのようなものであるかについて述べた後、続く第3節においてプレイセラピーの歴史につ

いて概観する。その後、第4節では、遊びがもつ治療的な意味について、第5節においては、プレイセラピーの中でもさまざまな学派やアプローチの方法があることについて、代表的なものを取り上げて紹介する。第6節では、子どもの面接と並行して親面接を行う（並行面接）ことの意味について取り上げる。これらの解説によって、プレイセラピーがどのようなものであるかということについての理解をめざしたい。

2. プレイセラピーとは

(1) プレイセラピーの対象

　セラピー[*1]は通常、成人が対象であれば、言語的なやりとりを用いて、実践を行っていくことになる。そこでは、クライエント本人でも気づかないうちに心の奥底に抑圧されてしまった欲求や衝動を言語化することによって、自分の内面についての洞察を得ることや、クライエント本人が自身の不安や恐怖をコントロールできるように適応的な考え方を取り入れること、また、語ることそのものによってカタルシスとしての効果が生じ、問題状況を自分の人生に意味づけていくなど、クライエントが抱える問題に合わせたアプローチによって、問題状況の改善がめざされることとなる。

　しかし、中には言語的なやりとりがあまり得意でない人々もいる。そのような人々に対しては、無理に言語を用いてセラピーを進めていくよりも、その他の媒介手段を用いながら進めていく方が、クライエントの負担も少なく、スムーズにセラピーを進められることが多い。特に年齢が低い子どもは言語発達も十分ではないため、自身が感じていることをうまく言葉として表現できない場合があるが、子どもの本職である「遊び」の中では、生き生きと自分を表現する

---

　*1　セラピーは、場合によってはカウンセリングといわれることもあるし、心理療法といわれることもあるが、ここでは心の問題に対して臨床心理学の専門家が治療的な関わりを行うことを総称してセラピーと呼ぶことにする。

ことがある。すなわち、プレイセラピーの適用としては、大人だから言語を用いた面接、子どもだからプレイセラピーというのではなく、言語を用いて面接するよりも、プレイセラピーの方が治療的な効果が高いと思われる人々を対象とするのが本来の趣旨である。ただし、本書は子どもについての内容なので、ここでは子どもを対象としたプレイセラピーということで説明を行っていく。

また、実施者について特にわが国では、臨床心理士になるためのトレーニングを受ける中での最初の実践として、また、臨床心理士として働き出したはじめのころにプレイセラピーを担当することも多いが、これにはいろいろな意見がある。どちらかといえば、直接的に考えやすい言語的やりとりに比べて、より抽象的な遊びの解釈の方が難しいものであるため、プレイセラピーこそ経験を積んだセラピストが行うべきであると考えている人たちもいる。しかし一方で、子どものもつ柔軟性、成長力が、初心のセラピストの経験の少なさをカバーしてくれるという期待から、経験の浅いセラピストがプレイセラピーを担当するというようにも考えられる。

（2） プレイセラピーの定義

プレイセラピーは、日本語では遊戯療法と訳されることが多く、心理学事典には「遊戯療法」として以下のように定義されている[2]。

※※※※※※※※※※※※※※

子どもを対象として遊びを通じて行う心理療法である。心理療法は、ふつう言葉を主たる媒介として行うが、子どもは言葉のやりとりによって自分の気持を表現することがまだ十分にできないので、遊びをその代わりに用いるのである。遊戯療法は、A．フロイト（Freud, A.）やクライン（Klein, M.）によって始められたが、「遊びは子どもの内的な世界を表現するのに最も適した方法である」という考え方が背後にある。今日では、遊びをたんに言葉の代わりに用いる以上に、言葉では表現し尽くせない深い感情や複雑な問題状況を遊びを通じて表現することができるとして、遊びの表現のもつ意義が高く評価されている。

遊戯療法を行うには、誰にも介入されずに自由に遊べる空間が必要であり、玩具や遊具を備えた遊戯治療室（プレイルーム）が用意される。標準的な遊戯療法では、週1回およそ40〜50分の時間、子どもとセラピストが2人で遊戯治療室のなかで自由に遊ぶ。セラピストは相当な許容度をもって子どもに受容的に接し、子どもの主体的な動きを尊重する。そのため、子どもは「ここでは何をやっても自由であり、しかも（セラピストとの関係において）守られている」という確信を得ることができる。この信頼に満ちた温かい人間関係に支えられながら、子どもはありのままの自分を表現し、内的な葛藤の解決や自己成長へと方向づけられる。

　遊戯療法の基本原則は、ロジャーズ（Rogers, C.）の弟子であるアクスライン（Axline, V. M.）がセラピストの取るべき態度として提唱した「8つの原理」にみることができる。これらは、理論的立場の違いを超えて遊戯療法の基本原則を示しているといえる。日本における遊戯療法の発展はロジャーズ、アクスラインの影響を強く受けたが、最近では精神分析や対象関係論、ユング心理学の考え方に基づく遊びの表現の理解も盛んに行われている。

　　　　　　　　　　❖❖❖❖❖❖❖❖❖❖❖

　この定義の2段落目には、プレイセラピーの構造的な定義が記載されている。実際にどのような部屋を用いるかはその施設の制限等もあるが、やはり子どもが自由に遊ぶのに不自由のない部屋が理想である。また、どのような遊具をそろえておくかという点も重要である。たくさんのおもちゃの中から、そのケースに合うものを選んで準備しておくこともあるし、すべてのおもちゃを部屋の中に置いておき、子どもに選んでもらうことも可能である。幅広い年代の子どもを対象とした施設であれば、性別や年齢にも配慮したようなおもちゃがあると、子どもの希望に合ったものが見つかる可能性は高い。しかし、子どもによってはたくさんの種類があることで混乱してしまう場合もあるし、限られた空間やおもちゃの種類であっても、工夫して遊ぶことが治療的に重要な意味をもつ場合もあるため、どのような設定がよいかということは一概にはいえない。

3．プレイセラピーの歴史

　定義には、プレイセラピーの歴史に関する記述も含まれており、A. フロイトやクライン、ロジャーズやアクスラインによる考え方が、今日のプレイセラピーの発展に大きな影響を与えたことがわかる。ブロムフィールド(Bromfield, R.N.)[3]によれば、1900年代にジークムント・フロイト（Freud, S.）が精神分析的プレイセラピーの基礎をつくったとされる。また、1920年代のこととして、フークーヘルムート（Hermin von Hug-Hellmuth）が、対話と遊びによって子どもを正式に治療したはじめての人であるとされている。さらに、1930年代においては、A. フロイトとクラインをめぐる展開が行われたとされている。

　A. フロイトやクラインは精神分析的なアプローチを行った人々であり、ロジャーズやアクスラインは来談者中心療法の考え方を基にしたカウンセリングを実践した人々である。これらの理論的な背景の違いは、子どもを対象としたプレイセラピーにおいても、そのアプローチの方法において違いが生じることとなった。また、同じ精神分析的なアプローチを背景にもつA. フロイトとクラインだが、子どもが問題を呈した場合に、どのような心理的なメカニズムを想定し、それに基づいてどのような治療的なアプローチを行うことが必要かという点については、それぞれ異なる考え方をもっており、児童分析に関する激しい論戦を繰り広げることとなった。小川[4]によると、児童分析とは、「児童を対象とした精神分析で、成人を対象とする場合と同じく、抵抗や防衛、転移などの解釈を扱う」とされており、両者の考え方について説明がされている。それによると、A. フロイトは「児童の心的機能の未発達と両親との強い結びつきのゆえ、治療者は成人のときのような中立性を保つことなく積極的に介入し、児童の自我を強めることを主張した」とされる。一方でクラインは、「児童でも遊戯療法で得られるものは自由連想での資料と何ら異ならず、成人と同じように解釈を進めることによって精神内界を理解できる」と考えたとされる。また、転移についても、A. フロイトが転移は成立しえないと考えたのに対して、クラインは転移を生起させる能力があると考えたとされており、この

ことからも両者は同じ精神分析の理論を背景としながら、子どもを対象とした治療的関わりには大きな違いがあったことがうかがわれる。

　一方で、アクスライン[5]の理論には、現在におけるプレイセラピーの基本となる考え方が示されている（以下参照）。このアクスラインの8つの原則は、セラピストが基本的な態度として身につけておくべきものであり、これをベースにしながら、さまざまな理論的な背景に基づいたプレイセラピーが展開されている。

① 治療者はできるだけ早くよいラポート（親近感）ができるような、子どもとのあたたかい親密な関係を発展させなければなりません。
② 治療者は子どもをそのまま正確に受けいれます。
③ 治療者は、子どもに自分の気持ちを完全に表現することが自由だと感じられるように、その関係におおらかな気持ちをつくり出します。
④ 治療者は子どもの表現している気持ちを油断なく認知し、子どもが自分の行動の洞察を得るようなやり方でその気持ちを反射してやります。
⑤ 治療者は、子どもにそのようにする機会が与えられれば、自分で自分の問題を解決しうるその能力に深い尊敬の念をもっています。選択したり、変化させたりする責任は子どもにあります。
⑥ 治療者はいかなる方法でも、子どもの行いや会話を指導しようとしません。子どもが先導するのです。治療者はそれに従います。
⑦ 治療者は治療を早めようとしません。治療は緩慢な過程であって、治療者はそれをそのようなものとして認めています。
⑧ 治療者は、治療が現実の世界に根をおろし、子どもにその関係における自分の責任を気づかせるのに必要なだけの制限を設けます。

4．遊びの治療的意味

　本節では、プレイセラピーにおける「遊び」が、どのようにして治療的な意味をもつことになるのかという点について紹介をする。弘中[6]は、「遊びは子どもにとって、表現することと体験することが渾然一体となった心的活動である」

として、関係性や表現・体験の観点から遊びのもつ治療的意味について述べている。関係性の機能としては、セラピストとの関係性がもつ重要性や、人間関係の投影の場としての遊びの治療的意味が述べられている。プレイセラピーにおいてセラピストは、アクスラインの8つの原則の中にもあるように、その基本的態度として、「子どもをそのまま正確に受けいれる」ことが必要であり、「子どもに自分の気持ちを完全に表現することが自由だと感じられるように、その関係におおらかな気持ちをつくり出す」ことが重要である。そのような基本的態度をもったセラピストは、「子どもから見れば、これまで出会ったことのない不思議ですてきな人」[6]とされる。また、そのような信頼できる関係性の中であるからこそ、子どもは現実場面で制限されていた感情や行動を、安心して自由に表現することが可能となる。そのような表現のひとつとして、「人間関係の投影」[6]が、プレイセラピーのなかではよく展開される。弘中[6]はその具体的場面として「ごっこ遊び」を取り上げているが、おままごとのような場面設定のなかでセラピストが子どもにとって重要な他者の役割を取ることを求められることもあれば、人形遊びや箱庭を用いて現実場面での人間関係が象徴的に表現されることもある。遊びの中で展開される人間関係を通じて、セラピストは子どもがもつ現実場面での環境に対する内的な理解を知ることが可能となり、子どもの問題に対する解決への道筋が示されることとなるであろう。

　そのような現実場面が投影された遊びは、「代償的行動としての遊び」[6]として治療的な意味をもつとされる。すなわち、現実場面では他者や自身への影響から制限されざるを得ないような感情や行動が、遊びを通じて代償的に行われ、それによる満足感が子どもにとって治療的な意味をもつということである。また、弘中[6]は「心の作業の〈場〉・〈手段〉としての遊び」として、さまざまな遊びに秘められた、子どもが成長するための心の作業について紹介している。たとえば、「かくれんぼは、自分を隠し、そして見つけてもらうことによって、子どもが自分という存在を身体感覚レベルでしっかりと認識する意味をもつ遊び」であるとされ、「英雄ごっこや怪獣ごっこは、万能感に浸ってその頂点を極めようとする子どもの心の動きと関連することが少なくない」とされる。このようなさまざまな心の作業をプレイセラピーの中で行うことによっ

て、子どもは成長をし、自身の現実場面での問題にも対処していけるようになっていくと考えられる。

　加えて、弘中[6]は、遊びのもつ危険性についても述べているが、アクスライン[5]の原則の中に「治療者は、治療が現実の世界に根をおろし、子どもにその関係における自分の責任を気づかせるのに必要なだけの制限を設けます」とあるように、子どもが自身の責任の範囲を超えるような遊びが展開される場合には、セラピストは制限を行う必要がある。たとえば、セラピストに対して、執拗におもちゃの剣や棒で攻撃をしてくる子どもがいる。その際、どのような制限を行うかは、その遊びの中にどのような意味が表現されているのか、セラピストがきちんと了解した上で実施することが必要である。アクスライン[7]は「治療者は、遊戯室にいる間の子どもの活動が、もし遊戯室の外でも幾度となく繰り返し行われる場合には、激しい批評を受けることになるだろう、ということを了解しておくことが大切です」「子どもがお父さん人形をけとばしたり、お母さん人形をぶったり、また兄弟や姉妹の人形を窒息させるとき、子どもは罪の意識を感じる傾向があるという事実も直視しなければなりません」と述べている。すなわち、子どもにとって特に攻撃的な遊びが展開される際には、そのことが日常生活とどのように結びついているのか、遊びの展開に際して子どもにどのような感情が生じ得るのかを考えておかなければならない。「治療の効果を上げるためには、治療時間が、遊戯室の外には何も持ち越されないほど、日常生活の場面からまったく分離してはならない」[8]「治療関係をうまくするには、子どもと治療者が、お互いに、まじめに、尊敬しあうことから始まらなければなりません」[9]とされるように、プレイセラピーの目的は現実場面で子どもが抱える問題の解決であり、そのためには目の前にいる人物を他者としてきちんと認識することが重要である。セラピストに対する執拗な攻撃が繰り返される場合には、そのような攻撃をするに至った子どもの気持ちについて、セラピストなりの理解をきちんと伝えることが重要であり、必ずしも攻撃的な気持ちが充足されなくとも、子どもにとっては「理解された」という感覚の方が治療的には重要であると考えられるだろう。

5. プレイセラピーにおけるさまざまなアプローチ

　プレイセラピーとは、成人を対象とした通常のセラピーと同様に、さまざまな理論的背景を基にした治療的アプローチの総称である。この点についてシェーファー（Schaefer, C. E.）は、理論的アプローチの多様性がプレイセラピーの強みのひとつであるとした上で、遊びの中に多数の治療的変化のメカニズムがあり、よく知られているものとして、コミュニケーション、関係性の強化、自我の強化、自己実現の力をあげている[10]。本節では、「プレイセラピー14の基本アプローチ」を参考に、その中で取り上げられている種々のアプローチの中から、日本における臨床場面でも用いられることが多いものとして、「精神分析的プレイセラピー」「子ども中心プレイセラピー」「認知行動プレイセラピー」を取り上げて、それぞれの理論的な特徴について紹介する。なお、それぞれのアプローチの詳細及びここで取り上げなかったアプローチについては、上記の文献を参照していただきたい。

（1）精神分析的プレイセラピー

　ここでは、ブロムフィールド[3]を参考に、精神分析的プレイセラピーについて紹介する。精神分析的な考え方から実践を行った人々として、A. フロイトとクラインについては上記においても触れた。クラインの考え方の特徴としては、「子どもの遊びを大人の自由連想と同等のものとみなしており、子どもの見捨てられ感や、嫉妬、憤怒といった体験に焦点を当てた」ことがあげられている。一方で A. フロイトの特徴としては、「子ども自身がなぜそのように考え、感じ、行動したのかについて、意識的に理解するようになるのを助けることを目標とし、そのような洞察が個人の変化をもたらす」と考えていたことがあげられている。また、A. フロイトの業績として、「親へのガイダンスや学校でのコンサルテーションを子どものセラピストの重要な役割として推進したこと」が取り上げられており、プレイセラピーの創成期から既に親面接などの重

要性が論じられていたことが分かる。

　精神分析的プレイセラピーで扱う問題としては、不安や身体症状の軽減、トラウマの克服、離婚などのライフイベントへの適応、内的な怒りや攻撃をうまく扱えるようになることなどが対象とされている。一方で、精神分析的アプローチの特徴として、「単に子どもの行動や症状だけでなく、広く深くより本質的な側面や、人生とその試練にどのように向かい合うかまでを変化させようとする」と述べられており、社会適応のためのスキルを身につけるだけではなく、クライエントである子どもの人格的な変化までを視野に入れていることがみてとれる。

　また、セラピーの中においては、「子どもが自分の対処や防衛の方法やストレスをいかに補償しているかをみて、子どもが自分の内的世界や内的現実を、外的体験と同様に大切にするようにていねいにうながす」「最悪の環境にあっても、子どもが自分の人生や選択に責任をもっていると認める」ことが必要であるとされており、「精神分析的セラピーは、子どもたちが自分の考えていることの何が正しく、適切で、十分なのかを知ることを助ける」と考えられている。

（2）　子ども中心プレイセラピー

　次に、スウィーニーとランドレス（Sweeney, D. S. & Landreth, G. L.）[11]を参考に、子ども中心プレイセラピーについて紹介する。このアプローチの特徴として、「プレイセラピストは診断医でもなければ、治療的な指導者でもない。むしろ、子どもの自己発見という旅のファシリテーターであり、仲間としての探索者なのである」と述べられている。また、「子ども中心プレイセラピストは、子どもの問題、症状、診断あるいは処方箋的な技法に焦点を当てない」とされていることからもわかるように、クライエントである子どもの自己成長力を信じながら、子どもの成長を見守る姿勢がセラピストに求められている。

　子ども中心プレイセラピーの理論構造は、子どもの年齢、身体的・心理的発達あるいは主訴に関連づけられないとされている。すなわち、特定の問題への

対応方法というよりも、子どもの内的な成長による問題の改善がめざされているといえる。このような考え方が、プレイセラピーの中でセラピストが取るべき役割にも反映されており、上記にあげたアクスラインの8つの基本原則は、特に子ども中心プレイセラピーを実践していくにおいては重要なものである。子どもの成長をセラピストが粘り強く信じながらセラピーを実践していくための指針とも考えることができるだろう。

（3） 認知行動プレイセラピー

最後に、ネル（Knell, S. M.）[12]を参考に、認知行動プレイセラピーについて紹介する。認知行動療法という用語は、認知療法的なアプローチと行動療法的なアプローチの総称として使われている。認知行動療法自体は、主にうつ病などの気分障害を中心に、その効果に関する報告が多くされており、日本においても2010（平成22）年より保険診療の適用となっている。

しかしネルは、大人に実践されている認知療法を、青年や子どもにそのまま用いるのは適切ではないと述べている。その理由としては、認知療法が、物事を合理的、論理的に理解していく力を必要とするものであり、子どもを対象とした場合には、言語的な能力をかなり必要とするようなプレイセラピーにならざるをえないということがあげられている。そのため、思考や知覚を適応的に変化させることで行動の変化を期待するという認知療法の基本は踏襲しながらも、言語化を減らして体験的なアプローチを増やすなど、子どもの発達段階に合わせながら柔軟に実践していくことが重要であるとされている。

認知行動プレイセラピーにおいては、古典的条件づけやオペラント条件づけ、社会的学習理論に基づく直接的な行動的介入と、不適応的な思考の変化による行動の変容という認知的介入が組み合わせて用いられる。認知行動プレイセラピーがその他のプレイセラピーと同様に、「ポジティブな治療関係をよりどころにしている」一方で、異なる点として、指示や目標に焦点を当てること、遊び道具と活動の選択、教育的なものとしての遊び、などがあげられている。この点について、「非指示的なプレイセラピーのセラピストが自然な観察者で

あるなら、認知行動的なプレイセラピストは方向性を与え、目標を設定し、それらの目標にうまく進んでいくように介入を展開していく」と述べられているように、上記において述べてきた精神分析的プレイセラピーや子ども中心プレイセラピーが、子どもを心理的に抱えることや、子どもの自己表現を重視していたのとは、大きく異なることがみてとれる。また、その他のプレイセラピーがプレイルームという非日常空間での治療的関わりを重視しているのに対して、たとえば、恐怖症や強迫性障害などの子どもに対しては、プレイルームの外の現実場面で治療する点なども認知行動的なアプローチの特徴といえる。

このように、プレイセラピーといっても、その中にはさまざまな理論的な背景をもったアプローチの方法がある。どのようなアプローチの方法によってプレイセラピーを行うかは、セラピストが受けてきたトレーニングにもよるが、子どもの抱える問題の中身によっても、対応の仕方が変わってくるものである。そのため、プレイセラピーを行う際には、子どもの状態をていねいにアセスメントする視点をもっておく必要がある。その意味では、遊びという媒介があることによって、子どもの行動的特徴や運動機能的な能力、親などの重要な他者との関係や内的なファンタジーなどをセラピストが理解するための豊富な材料が提供されるといえる。一方で、プレイルームという非日常的な空間であるからこそ表出される行動もあり、現実場面をふまえた子どもの能力についてきちんとアセスメントしておく方がよい場合もある。子どもを評価するための適切な前提がある場合には、知能検査や発達検査、パーソナリティ検査などを用いることによって、子どもの特徴をセラピストや周りの大人が理解することが可能となり、その後の支援に生かすことができる。

6．親面接の役割

プレイセラピーの構造の特徴として、多くの場合、セラピー場面への申し込みが子ども本人ではないということがあげられる。子どもの親であったり、施

設の担当者であったりなど、現実場面で子どもをみている大人と一緒に来談することが多い。これは、プレイセラピー特有の難しさでもあるし、見方を変えれば利点でもある。難しさとして考慮しておくべきことは、子ども本人のモチベーションの問題と、セラピーの継続が本人の意思と異なってしまう場合があるという点であろう。また、利点としては、クライエントを取り巻く環境の状況について、クライエントの語り以外からの情報についても得られる場合があり、それを適切に用いることによって子どもへの理解やプレイセラピーの進展がみられる場合もある。田中[13]は、「子どものプレイセラピーと親並行面接で、ひとつのセラピーが成り立っている」として、プレイセラピーにおける親面接の役割について、「親に子どもの治療のための協力者になってもらう」ことの重要性について指摘している。また、「親が自分自身の問題を抱えており、子どもを助けたり、子どものためによいと思われる環境をつくれない場合には、親自身の問題を解決してゆくことを援助する」ことで、「親が精神的に楽になってゆくことが、子どもと親の関係性の育ちに有用」とも述べており、子どもを対象としたプレイセラピーが有効であると判断されたケースであっても、親子さらには家族全体を視野に入れた視点が必要であることがみてとれる。

　子どもを対象としたプレイセラピーにおいて、親面接をどのように位置づけるかという点については、アプローチの仕方によってもやや捉え方が異なっている。先にあげた3つのアプローチの中では、たとえばブロムフィールド[3]は、精神分析的プレイセラピーでの親の役割として、「親は、子どもと家庭についての主要な情報源」と考えられており、セラピストは「子どもの体験や傷つきや要求を、親が理解し、役立てられるような言葉に翻訳して伝える」と述べている。また、スウィーニーとランドレス[11]は、子ども中心プレイセラピーの実践には親に関わることが必要不可欠だとした上で、「プレイルームで必要な共感スキルを（セラピストが）親に対して用いることが重要であり、それが親の情緒面を援助するだけでなく、治療的応答のモデルとしても役に立つ」と述べている。加えて、ネル[12]は、認知行動プレイセラピーにおいては、子どもの問題行動の修正について親の助けが必要かどうかを考慮した上で、定期的な親面接の実施によって、「親子の相互作用をモニターし、問題のある領域について

ワークできる」「子どもを監督する適切な方略を自宅で実行できるように、両親を援助できる」と述べている。

このように、アプローチの方法によって捉え方が異なる点はあるものの、親面接が子どもを対象としたプレイセラピーの中で重要な位置を占めるものであると考えられている点は共通している。親面接を担当するセラピストには、親として子どもの問題への対処を行ってきた経験を尊重しながら、親自身の中にある内的な子ども像についても理解をしていく姿勢が求められるだろう。

7. おわりに

以上、子どもを対象とした支援のひとつとして、治療的関わりとしてのプレイセラピーについて説明を行ってきた。最初にも述べたように、子どもを支援する際には、子どもが抱えている問題をきちんと把握することが重要であり、問題の種類によってはより直接的な支援が優先されるべきである。しかし見方を変えれば、どのような問題の種類であっても、そこに心のケアに関するニーズがある場合には、プレイセラピーは子どもの成長、問題の改善に有益となる可能性をもっている。近年は、子どもの抱える問題として発達障害が話題になることも多いが、発達障害に関する心理学的支援としては、プレイセラピーよりも療育的な支援が優先されるであろう。子どもが生きていく上で必要となる基本的な社会的スキルを身につけることは重要であり、そのために学習理論や認知発達に関する知見などの心理学的な理論が有用となる。一方で、障害を抱えたことによる二次的な問題への対処や、子どもが安心して自己を表現できる場の確保など、プレイセラピー内で提供できる支援も多くある。経験を積んだセラピストであれば、プレイセラピーの中に療育的な視点を組み込みながら、子どもと関わることも可能であろう。田中[14]は、「プレイセラピーにおいて、セラピストが何よりもしなければならないのは、一緒の空間にいて、観察を怠らず、相手を理解しようとあたまとこころをフル回転させながらそこに居続け、関わることでしょう」と述べている。目の前にいる子どもに対して積極的

な関心をもち続けることが、その子どもに必要となる関わり方を発見するための唯一で確実な方法となるといえるのではないだろうか。

【引用文献】
1) 高木秀明「発達加速現象」中島義明・子安増生・繁桝算男・箱田裕司・安藤清志・坂野雄二・立花政夫編『心理学事典』有斐閣 1999年 p.692
2) 弘中正美「遊戯療法」同上書 p.855
3) Bromfield, R. N. 'Psychoanalytic play therapy' Schaefer, C. E.(Eds) *Foundation of play therapy* New Jersey : John Wiley & Sons, Inc., 2003.（シェーファー C. E.編著 串崎真志監訳「精神分析的プレイセラピー」『プレイセラピー14の基本アプローチ』創元社 2011年 pp.1-13)
4) 小川俊樹「児童分析」前掲書1) p.357
5) Axline, V. *Play Therapy: The inner dynamics of childhood*, Boston: Houghton Mifflin, 1947.（アクスライン V. M. 小林治夫訳『遊戯療法』岩崎学術出版社 1972年 p.95-96)
6) 弘中正美「遊びの治療的機能について」日本遊戯療法研究会編『遊戯療法の研究』誠信書房 2000年 pp.17-31
7) 前掲書5) p.175
8) 前掲書5) p.174
9) 前掲書5) pp.178-179
10) Schaefer, C. E. 'Preface' Schaefer, C. E.（Eds)*Foundation of play therapy* New Jersey : John Wiley & Sons, Inc., 2003.（串崎真志監訳「まえがき」『プレイセラピー14の基本アプローチ』創元社 2011年)
11) Sweeney, D. S. & Landreth, G. L. 'Child-centered play therapy' Schaefer, C. E. (Eds) *Foundation of play therapy* New Jersey : John Wiley & Sons, Inc., 2003.（串崎真志監訳「子ども中心プレイセラピー」『プレイセラピー14の基本アプローチ』創元社 2011年 pp.68-89)
12) Knell, S. M. 'Cognitive behavioral play therapy' Schaefer, C. E. (Eds) *Foundation of play therapy* New Jersey : John Wiley & Sons, Inc., 2003.（串崎真志監訳「認知行動プレイセラピー」『プレイセラピー14の基本アプローチ』創元社 2011年 pp.158-171)
13) 田中千穂子『プレイセラピーへの手びき―関係の綾をどう読みとるか―』日本評論社 2011年 pp.5-6
14) 同上書 p.20

【参考文献】
・Schaefer, C. E.（Eds）*Foundation of play therapy* New Jersey: John Wiley & Sons, Inc., 2003.（串崎真志監訳『プレイセラピー14の基本アプローチ』創元社 2011年)

コラム　子どもとのゲームにおいてセラピストはどうすべきか？

　プレイセラピーの中で、特に子どもの年齢が上がってくると、さまざまな「ゲーム」を遊びとして選択し、セラピストとの勝負を楽しむ場合がある。しかし、毎回セラピストが「本気」で取り組むことが、必ずしも治療的意義があるかというと、そうとも限らない。場合によっては、「治療的配慮」によって、セラピストは子どもとその状況にあった対応をすることが求められるだろう。ここでは、実際に筆者が行ったプレイセラピーの事例の場面から、子どもとのゲームにおけるセラピストの対応について考えてみたい。

① 自分からハンデを要求するAくん

　Aくんは小学校2年生の男の子で、ひとりで学校に行けないことを主訴に母親に連れられて来談した。セラピーの中で、Aくんは毎回「輪投げ」によるセラピストとの勝負を希望した。その際、「先生は大人だから、もう少し後ろから投げて」といって、セラピストが立つ位置を指定してきた。これは自分の立場を考慮した健康的な要求でもあるが、一方でAくんの主訴にもつながるものでもある。そのためセラピストは、何回かに1回は「セラピストの事情」（今日は腕の調子が悪いなど）を持ち出して、同じ位置からの勝負を依頼した。

② 練習を積んできたCくん

　Cくんは中学1年生の男の子で、不登校を理由に来談した。母親からは、部活も塾もすぐに辞めてしまい、何をしても長続きしないと語られた。Cくんの希望で、セラピーの多くの時間を卓球にあてた。セラピストは手を抜くことなく勝負し、毎回勝利していた。勝負に勝つと全身で喜びを表現し、一方でCくんは悔しそうな表情を浮かべていた。しかし、半年ほど経つと、セラピストは全く勝てなくなった。母親からの話によると、Cくんは毎日のように卓球の施設があるセンターに通って練習をしていたとのことであった。

　セラピストがどのような力加減で勝負に取り組むかは、そのときそのときの判断が求められる。セラピー場面での達成感が子どもの自尊心の回復につながることもあるし、要求が通らない際の自分の中での折り合いの付け方を学ぶ機会になることもある。セラピストは自身の対応による子どもの行動の変化を注視しながら、治療的な関わりの継続性について判断していくことが求められるだろう。

第 8 章

障害のある子どもの育ちと支援

● 本章のねらい ●

　本章では、発達に障害のある子どもの育ちと支援について取り上げる。近年、障害の概念は大きく変わりつつある。その1つは、発達の障害といっても必ずしも知的な発達に遅れをともなうとは限らないこと、しかしながら、彼らの学校生活や社会生活には相当な周囲の理解と継続的な支援が必要とされていることが明らかとなってきた点である。2つめに、障害の問題がさまざまな社会的問題—ひきこもり、ニート、虐待、矯正教育のあり方、精神科領域におけるケア—などとの関連で捉えられるようになっている点である[*1]。障害のある子どもや成人の支援が、障害児教育、障害者福祉の現場にとどまらず、社会や教育の多様な側面で求められていることが、近年の新たな認識といえる。

　このような傾向の中で、障害のある子どもの育ちの理解や支援にとって、どのような工夫や視点が求められているであろうか？　子育てにかかわる現場が発達障害の早期発見、早期対応を掲げ、多くの人が関心を寄せるようになった。しかし、"障害特性"としての能力の偏りや難しさばかりが強調され、発達につまずきをもちながらも、確実に育っていく存在であり、特性も変わりうるものであるという基本的視点が薄らいでいるように思われる。そこで本章では、いわゆる「障害種別」や「特性の理解」という切り口ではなく、障害を発達過程のある時点、ある領域に何らかのつまずきを示している状態として広く捉え、その中で以下の2点について考えていきたい。

① 障害のある子どもの育ちを捉える3つの視点
② 子どもと関係を結ぶ"場"と"方法"

[*1] 教育現場においては、2002（平成14）年に実施された「通常の学級に在籍する特別な教育的支援を必要とする児童生徒に関する全国実態調査」で、知的発達に遅れはないものの、学習面や行動面で著しい困難を示すと担任教師が回答した児童生徒の割合が6.3%という結果は、インパクトをもって受けとめられている。

1. 障害のある子どもの育ちを捉える3つの視点
　―認知と自己像、情緒の枠組みから―

発達の遅れ、つまずきが意味すること

　障害のある子どもに限らず、子育てや教育の基本は、「子どもをよくみて、深く理解すること」にほかならない。相手をみて、理解する、この当たり前と思われる対人的姿勢は、人と人との関係性の基本でもある。特に障害のある子どもの育ちを考える上では、発達のつまずきも含めて一人の子どもの全体性をさまざまな関わりの中から整理することなしには、支援をすすめることはできないといってもよい。しかし、子どもをよくみて理解することは、実際には関わり手によって受けとめ方の幅が広い上に、言葉で表すほど容易なことではない。"理解をしたつもり"になって、実は支援者の思い込みや常識的な価値判断で関わっていたり、A君は自閉症である、自閉症だからこのような行動をする、など障害特性に縛られた理解を超えにくい、ということも珍しくない。重度や中度、軽度という障害程度の区分についても同様で、それらの区分に子どもがおさめられることで、あたかもそれで子どもの状態像が表現されているかのように誤解をされやすい。

　反対に、目の前の子どもにありのままで関わる、白紙で向き合うといった姿勢も、理念としては大切であるが、たとえば私たちにとって一見行動の意味がわかりにくく、対応の困難さを痛感するような子どもの姿に直面した際には、あまりにも心もとないといえよう。

　ここでは、筆者が子どもの発達やつまずきに関して多くの示唆を得た宇佐川浩による「感覚と運動の高次化理論」と滝川一廣が示す「精神発達の二つの基本軸」をもとに、障害のある子どもの育ちの理解に向けた一つの枠組みを示していきたいと思う（図8-1）。

　発達や障害について学びはじめた学生に、「発達の遅れ、つまずきという言葉にどのようなイメージをもっているか」を尋ねてみると、多くは"同年齢の子どもと比べて、ある事柄ができない、ゆっくり理解していく"という主旨の

図8-1　発達のつまずきを理解する枠組みの整理
　　　　（滝川、宇佐川を参考に）

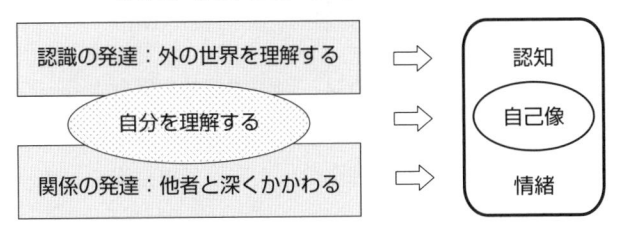

認識の発達：外の世界を理解する	⇒	認知
自分を理解する	⇒	自己像
関係の発達：他者と深くかかわる	⇒	情緒

記述がなされることが多い。そこに「でも、気持ちは素直である、自分たちにはない感性がある」といった形で何らかの肯定的な表現を加えた回答も少なからず見受けられる。ここで注目したいのは、発達の遅れやつまずきが「〇〇ができない、わからない」といった外界を理解する力の弱さに焦点化されている点である。滝川が示す「精神発達の二つの基本軸」に基づけば、これは外の世界を理解するという意味で「認識の発達」の遅れに重きを置いた視点であるといえる。ところが、子どもは世界をより深く広く、意味を介して知っていくという「認識の発達」だけが育っていくのではなく、すでにこの世界の意味を捉えている大人との密接な交流を通して成り立つ「関係の発達」があってはじめてしかるべき発達が可能になるという特徴をもっている。滝川は「関係の発達」が「認識の発達」を支え、「認識の発達」が「関係の発達」を支えるという二つの基本軸が精神発達の基盤であるという見方を示している。ここからさらに視点を広げれば、他者と深く関わり、外の世界を理解する中で、私たちが最終的につくり上げていくものは、自分というもの、自我であろう。私たちには「認識の発達」や「関係の発達」に遅れをもって生きる体験世界がどのようなものか、実はわからないことが大半である。その中でも、「自分というもの」がよくわからない、自分の意思や要求が自分自身でつかめないという体験世界のわかりにくさは想像を超えているといえる。宇佐川は、この側面を「自己像」として捉え、「認知」と「情緒」に並ぶ子どもの発達の重要な要因に位置づけている。次にその詳細をみていきたい。

2. 認知の発達を捉える視点

　発達につまずきを示す子どもたちは、何が中核的な問題となっていくのか、障害種にかかわらず広く捉えていくと、一つの答えとして認知のつまずきをあげることができる。認知とは、心理学では人間が外界にある対象を知覚し、それが何であるかを判断したり解釈したりする過程を指している。障害のある子どもが、外界にある対象を知覚し、その意味づけをしていく認知の発達過程は、"できないことが一つひとつできるようになる"といったタテに伸びる連続的な過程というよりは、ある一つの発達特徴をもつ時期が一定期間あり、その時期の発達特徴を十分ヨコに広げていくことで、次の発達特徴へと質的に変容する過程と捉えた方が見方を整理しやすい。この一つの発達特徴をもつ時期を発達段階やステージ、あるいは層と呼ぶ。宇佐川による感覚と運動の高次化理論では、おおよそ学齢期前半までの認知発達を4つの層に区分している（表8-1）。以下、それぞれの層を通して、発達過程をおさえていきたい。

（1）　I層　体性感覚や触-運動感覚を通して気づく世界

　発達的に初期の段階にある子どもは、前庭感覚、固有感覚といった体性感覚や物を触る、振る、放る、叩く、口で確かめるといった触-運動感覚を通してその物の実体や自己の身体の動きの実感を得ている。この時期は、音楽を好むなど聴覚も比較的使われやすいが、まだ視覚を使って外界を確かめていくことは難しく、手や口を通した事物の確かめが中心となる。体性感覚への刺激や触覚刺激の特徴として、これらの刺激が子どもの情動に直結しやすい点があげられる。たとえば、ブランコで揺れ刺激を楽しんだり（前庭感覚）、トランポリンで飛び跳ねる（固有感覚）、水遊びにひたる（触覚）などすると、多くの場合子どもの笑顔が増え、一見反応が明確になるように見受けられる。しかし注意深くみていくとこれらの快表現は外に向けられるのではなく、内に向けられたものとなりやすい。そのため、自己刺激あるいは自己循環的と呼ばれるよう

表 8-1　感覚と運動の高次化からみた認知と自己像、情緒の発達過程

	認知	自己像	情緒
Ⅰ層	体性感覚や触-運動感覚を通して気づく世界 自己循環的	自己と外界は未分化で、受け身的な自己の気づき。人や物への能動的関与が自己の気づきの芽生えへ。	覚醒-非覚醒、快-不快の分化から読みとる情緒の変化。生理的不快や感覚の未調整からくる情緒不安。
Ⅱ層	視覚や聴覚、手の操作や運動行為を通してわかる世界 直接的対応関係 A＝A'	好き・嫌い、要求・拒否を通して自己を発揮。他者をまねる力が育ち、身体像も広がる。	予測と異なる等原因が焦点化された情緒の変動。快-不快、安定-不安。認知と自己像の高まりによる、情緒不安。
Ⅲ層	頭の中で思い浮かべたり、イメージや言葉を通してわかる世界 脱文脈的対応関係 〜みたい、〜のつもり	自己の表現、遊びの広がり。対人への意識が高まり、相互的なやりとりへ。	出来事や働きかけの意味がわかりやすくなり、情緒の安定性拡大。 遊びや自己表現（言葉）を通した情緒的交流。
Ⅳ層	物事の本質を理解し、内言語や対話を通して意味づけ、判断、思考する世界 概念形成と記号操作 〜とは○○だ、なぜなら…	自己の存在を、他者に向けて前面に出す—自我強調の拡大。他者からみた自己の意識化。自己像の形成と他者像への気づき。	自我強調の一方で、集団ルールや社会的規範の意識化。劣等感や自信喪失等の情緒的危機への支えと配慮。

筆者作成

な姿になりやすく、ここからいかに外界への能動的な関わりに広げていくかが、初期の段階での認知発達支援における重要な課題となる。具体的には、前述のような遊びの中にも「はじまり-終わり」をつくり、刺激に変化をつけながら感覚の受容を広げたり、写真1や2に示すような教材を用いて目と手を一緒に使って遊ぶことが課題となる。

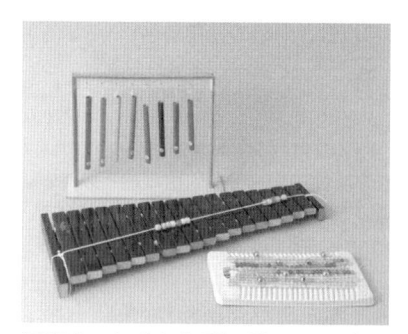

写真1　わずかな手の動きでも音を楽しめる楽器

写真2　因果関係のわかりやすい音の出る教具

(2)　Ⅱ層　視覚や聴覚、手の操作や運動行為を通してわかる世界

　目と手が使われるようになると、遊びや行動の目的が明確になり、さまざまな手の操作や手段が育つようになる。そうなると、子どもが捉える世界は格段に広がり、目で見て判断をしたり、耳で聞いて動くことが上手になる。外界の意味づけとしては、目の前の対象や状況に対して「行為Aをすれば、結果A'となる」「状況Aのときは、展開A'となる」など、ルール化、パターン化されやすく、直線的な対応関係での理解といえる。後述するように、この時期の直線的な対応関係は子どもの理解の幅としてはまだ狭いため、状況の予測がつかない不安など子どもの心的状態は脅かされやすいが、Ⅰ層に比べ外界の人や物への向かい方は広がり、要求や拒否といった意思表示もわかりやすくなる。Ⅱ層の転換点でもある目を使うという意味は、視力とは区別され、自分の意思で外界へまなざしを向け見ようとし、対象を見分けたり、見比べていく力（視知覚）を指している（教材例として写真3や写真4を参照）。また、目を使う力が育つ過程で模倣—人の動きを見て、真似る力—が育ちはじめることも、大きな認知の変化である。
　障害のある子どもの日常行動を介助する際、「よく見てごらん」と声をかける場面が多いが、まさに見ること、見てわかることは、私たちの情報理解にとって重要な機能である。ところが認知の発達過程につまずきのある子どもにとっ

写真3　はめ板による弁別教材　　写真4　見本に合わせた積木の構成

ては、見ること、見てわかることが私たちが思うほどに自在に発揮できる力ではなく、子どもの理解や興味に沿う教材・教具を通して意図的に働きかけていかなくては育ちにくい。耳で聞くことも同様で、聴力に問題はなくてもしっかりと音源を意識し聞く、聞き分ける力（聴知覚）が育つことが重要である。たとえば、Ⅱ層では特定の音楽には反応がよくなり、聞き分けている様子が見えてきたり、音楽のはじまりや終わり、テンポに合わせて太鼓を叩くなどの姿が見えてくる。このような聴知覚の育ちは、やがて言葉を聞いて理解する力にもつながると考えられる。

（3）　Ⅲ層　頭の中で思い浮かべたり、イメージや言葉を通してわかる世界

　直接見たり、聞いて理解していた世界から、しだいに今知覚しているもの（意味するもの）で、そこにないもの（意味されるもの）を呼びおこし、それに代わる働きをさせる機能が働くようになる。ピアジェ（Piaget, J）はこれを象徴機能と呼び、1歳半から2歳にかけて子どもの認知が大きく変わる節目と意味づけている。たとえば、四角い積木をもった子どもが、それを左右に動かしながら遊んでいる場合、積み木（意味するもの）で車（意味されるもの）を表していることになる。このように、ある物を別の物に見立てたり、情報を頭の中に思い浮かべ、イメージとして表現する力が備わるのがこのⅢ層での認知の特徴である。

障害のある子どもにとって、象徴機能の形成は大きな転換点である。なぜなら象徴機能が形成されはじめると、子どもの遊びの内容は飛躍的に広がるほか、周囲の状況の予測がつくようになり情緒面でも安定しやすくなる。何より、象徴機能を基盤として言語機能が形成されはじめることで、子どもは直接目の前にないことも言葉で間接的に思い浮かべたり、人に伝えたりすることができるようになる。前段階のⅡ層が、A=A'の直接的対応関係であったならば、この段階ではより柔軟になり、AはBのようにも見えたり（積木は車）、BでCのつもりになったり（車を動かして運転手のつもり）など、その場の文脈を離れて対象を理解し、表現できるようになる（脱文脈化）。

障害のある子どもの支援において、象徴機能、あるいはそれを基盤とした豊かな言葉をいかなる方法で形成していくかは、大きな課題である。前段階までの視知覚や聴知覚の促進とそれを通して自ら環境に働きかけていく力を丁寧に育てていくことを基盤としながら、同時に小山のいう「大人との共同活動としての遊び」[1]の場を保障し、ある物を大人はどう扱うか、ある場面、ある状況で大人はどう振る舞うかをみて、真似る機会を日常場面、療育場面問わずつくっていくことが必要であろう。象徴機能の発達が芽生えはじめた子どもたちは、遊びや体験の意味が大きく変わる節目を迎えているといってよいが、そこに参加する大人の役割として中島は、「①子どもがまわりの人（親、先生、友だち）と仲よしになり、情動的認知を発達させる、②子どもが実物に接し、自然の中で自分の身体を使う経験をし、動作的認知を発達させる」という2点を指摘している[2]。障害のある子どもの支援においても、①の情動的認知に該当する側面は、「対人関係を大切に」というモットーのもとに重要視されている印象をもつが、②の動作的認知に該当する側面—特にこれまで述べてきたように、目と手を使い、外界に働きかける点はより強調されてよいであろう。

(4) Ⅳ層　物事の本質を理解し、内言語や対話を通して意味づけ、判断、思考する世界

象徴機能が育ち、イメージが豊かになることと並行し、子どもの認知的働きは事象や対象のもつさまざまな特徴や属性を見出し、それらの関連をまとめ、

意味（概念）を形成する方向に向かいはじめる。たとえば、「これはイヌだ」とわかり、母親に「イヌ（がいるよ！）」と伝えられる力は前段階のⅢ層で育ってくるが、概念が形成されるということは、たとえば「イヌとは何か？」という問いに犬の種類を答えるのではなく、「四足の動物で、ワンワン鳴いて……」と犬の属性と特徴を見出し、犬の意味を考える力がつくということである。大きさや長さ、量、形、位置、属性、数を表す言葉が、なぜ概念と位置づけられるのかを考えてみても、これらは単に物の名称のようにラベリングするだけでは理解したことにはならず、その言葉が意味する本質を捉えなければならないからである。筆者は以前訪問した保育園の年長児クラスで、ある物語に関連し保育士が「みんな、勇気って何のこと？」と問いかけたところ、子どもたちが思い思いに発言を重ねながら、最終的に「プールやこま回しが上手なこと」に到達していくやりとりを興味深く見た。もちろん、これはまだ正確な回答とはいえないが、概念形成とは、このように目に見えないことでも、あるいは見えていたとしても、見た目に影響されるのではなく、物事の「本質」を理解しようと言葉や対話を通して考えていく力といえよう。概念形成が進むことで、障害のある子どもの生活や遊びがどう変わるか、重要な点を挙げると以下の通りである。

① 会話でのやりとりの広がり。
② ゲームや競争、劇ごっこなど、ルールや役割のある遊びがわかることで、対子どもとの世界が築かれる。
③ 文字を読み、理解をしたり、数の概念を手段として柔軟に考えることが可能になる（記号操作）。
④ 「ぼくは〇〇が上手になった、弟は泣いたが自分は泣かなかった、もうすぐ１年生になる」等、過去の経験や未来の自分の意味づけが進み、自己像が明確になる。

なお、④が育つことは同時に、他者と比べた自分に気がつきはじめることも意味しており、その意味でいかに劣等感や未達成感を大きくしない関わりをしていくかも重要となる。

（5） 障害のある子どもの認知の発達を支援する視点

　以上、障害のある子どもの認知の発達を捉える視点について、4つの層に分けて述べてきた。宇佐川はかつて、認知という言葉が、狭い意味での知能開発訓練やできないことをできるようにといった発想と結びつけられやすいこと、あるいは認知指導イコール文字、数指導となりやすいことから、「認知」ではなく「知恵」という表現を用いていた。認知あるいは知恵の育ちは、後に述べる自己像や情緒の育ち、ひいては子どもの自我形成にも大いにつながるものであるが、支援の現場においてはまだまだ認知の捉えは狭いといえる。特に、障害が重いといわれる子どもたちの認知の育ちについては、何をどう育てていくかが未整理であることが多く、それよりも身辺処理や対人関係、遊び、体づくりなど周辺要素が重視されている傾向にある。もちろんここにあげた4つの段階は、大まかな指標であり、教育実践に結びつけていくには個々の子どもの発達の様相をさらに細かくみていかなくてはならないが、障害の軽重にかかわらずどの発達段階においても"考える力"をどう育て、自己の世界とその表現をどう広げていくかは、障害のある子どもの支援の根幹となるものであろう。

3. 自己像の発達を捉える視点

　次に、認知の発達と相補的関係にある自己像の発達についてみていきたい。認知が外界の対象の把握と意味づけであるとすると、自己像とは自己の気づきや自己に対する理解、意味づけを指す。私たちも「自分とはこういう人間だ」という何らかの自己像をもっているが、それは他者との関係性において気づかされたり、他者の振る舞いを振り返る中で形成されていく。また視点を変えれば、他者との安定した関係を築いていくためには、その主体となる自己の安定、自己の確立が不可欠であり、決して他者への関心それだけが一つの能力として育っていくわけではない。したがって、自己像の発達は対人関係と置き換えてもよい。障害のある子どもの対人関係を育てるには、単に子どもを受容し、信

頼関係を築き、関わりを深める、とにかく集団を大切にし、みんなと一緒に活動することを重視するといった大人の側からみた関係性の捉えだけではうまくいかず、子ども自身が外界との関わりの中で、自己像をつくり上げていく過程を丁寧におさえ、支援していくことが重要であるといえる。特に「自分とは……」という言語的思考の形成に至る前の障害の重い子どもの自己像を考えるとき、先の認知発達で述べたⅠ層、Ⅱ層の感覚と運動の育ちや、見ることや聴くことの発達は大きなポイントとなる。以下、先に示した表8-1に沿って自己像の育ちをみていきたい。

　Ⅰ層では、子どもの自己と外界はまだ未分化で、揺さぶられて快の表情を示すなど受け身的な自己の気づきの段階であると考えられる。その段階からしだいに循環的にではあるにせよ、意図的に運動を起こし、遊ぶことを覚えたり、手を使い外界に働きかけていく力が育つ中で、自己の気づきが芽生えていく。人や物への能動的関与をどう引き出すか、まさに認知発達と共通の課題が、自己像の発達にも関わっているといえる。

　Ⅱ層になると、視覚や聴覚の使い方が上手になり、外界への能動的働きかけが広がりはじめるが、平行して子どもの"意図"もしだいに明確化する。それを最も実感できる姿は、好き・嫌いや要求・拒否の拡大である。周囲の大人には対応の難しさと映る姿も、子どもの自己像の育ちからみると一つの節目であり、要求や拒否を表現しつつ他者との関係の中で折り合いをつけていくことが課題となるであろう。また、自己の身体像という側面からみると、Ⅱ層で他者の動きを見て、真似る力が育つことも自−他の分化と同型性への気づきの育ちとして重要な発達の節目となる。支援の立場からみると、模倣をどう育て広げていくか、その工夫と子どもに向き合う姿勢が問われてくるといえよう。

　Ⅲ層では、象徴機能を獲得することにより言葉を含めた子どもの表現が拡大し、自己の意識は一層明確になる。お母さんのフリをする、ヒーローのフリをするといったごっこ遊びの中にも、自−他の分化や他者視点への移動が可能になっていることがうかがわれ、相互的なやりとりや遊びを通した自己像の形成をみることができる。

　さらに、Ⅲ層からⅣ層に向かう過程でしばしば目にする子どもの姿として、

一つは人前に出ることを恥ずかしがるといった、他者から見た自分に気づきはじめる姿がある。もう一つは、いわゆる自我の芽生えと呼ばれるような自己の存在を大人に向けて強調し、安易に手伝われることを嫌がったり、一人前に扱ってほしいという意味での主張や拒否が増える姿である。この段階になると、やがて子ども同士の集団活動の中でも一番になりたい、特別な当番をやりたい、自分より幼い子どもの面倒をみたいといった形で自己が発揮されやすくなるが、一方で劣等感や自信のなさの自覚がはじまり、特定の活動や役割に頑なまでに拒否をするようにもなる。あるいは幼稚園では自己表現を抑え、我慢をして集団に合わせているが、一転して療育場面ではさまざまな主張をぶつけ、運動会ごっこと称して先生役の子どもが、セラピストに難しい指示を次々出すといった投影的な遊びをする子どももいる。いずれも、集団における自己の位置づけに気がつきはじめていく中での不安であり、自己像が形成されていく途上での葛藤の時期であるといえる。もちろんこの時期、周囲の大人の子どもをみる眼、自尊感情への配慮等がこれらの葛藤を乗り越える大きな支えとなることはいうまでもないであろう。

　以上、自己像の発達について、認知の発達段階に沿って整理をした。乾・綾屋によると、近年、自閉症研究では他者認識の特異性のみではなく、その背景にある「自己主体感（これをやっているのは私だ）」や「自己所有感（これは私の手だ）」を含めた自己感の特異性に注目が集まっているという[3]。また、田中は知的には高いとされる成人の発達障害者の支援において「その人の苦手とする部分だけを抽出して、そこにてこ入れするためにトレーニングに導入する、という発想をする援助者が多く、心の世界を育てていくとか、自分というものの軸をつくっていく、ということを援助の要としつつ、その人と関わるというようなことを考えている援助者はごく少数である」と指摘している[4]。この自分というものの軸こそがこれまで述べてきた自己像の意味するところであり、それを障害が重いと呼ばれる子どもたち、軽いと呼ばれる子どもたちそれぞれの発達過程の中に意味づけ、支援していくことを強調していきたい。

4．情緒の発達を捉える視点

（1） 情緒の安定を図る支援の課題

　障害のある子どもを育てる保護者の療育ニーズには、言葉や理解面の成長促進に並んで、パニックやこだわりの軽減等、情緒の安定をあげる声が強い。子どもの状態によっては、情緒の問題が家庭生活全般に影響を与えていることも少なくなく、情緒の安定をどう図るかは、発達支援の重要な課題であるといえる。ところが、情緒不安をめぐる対応は、その場その場での対処療法的な発想に陥りがちであったり、自閉症だからこだわりが強い等障害特性としての意味づけにとどまる場合が少なくない。また、伝統的に障害児支援では子どもの気持ちを受けとめ、好きな遊びをたくさんさせて、楽しく過ごすことが重視されてきた経緯があり、情緒の発達がこれまで述べてきたような認知や自己像の発達と深い関連があることはそれほど強調されてこなかった。

　表8-1で示した情緒の発達過程にも表れているように、Ⅰ層、Ⅱ層までは要因は異なるものの情緒不安が最も強い時期である。特に、後述する感覚の過敏性からくる情緒不安や、外界がわかりにくいがゆえの情緒不安が表れやすい。それが象徴機能を獲得するⅢ層になると、意味理解の高まりやコミュニケーションと遊びの広がりにより、情緒は比較的安定しやすくなる。Ⅳ層では劣等感や自信喪失等の情緒的危機、あるいは池畑の事例では「自己−他者関係の変容や自己を取り巻く時間展望の発達からくる未来への不安」を訴える子どももいるが[5]、それを大人との関係性の中で表現し、修復しうる可能性は高いという点で、Ⅰ、Ⅱ層での情緒不安とは質的に異なるであろう。ここでは、障害のある子どもの情緒不安を考える上で、最も基本となる感覚の過敏性について述べていきたい。

（2） 感覚の過敏性と情緒不安

　情緒不安が特に関わりの難しさとして全面に出やすいのは、自閉症を含めた広汎性発達障害の子どもが多いが、彼らの不安定さは「こだわり行動」「パニック」「自傷、他傷」といった障害特性に付随する行動上の問題として捉えられることが多く、情緒発達のつまずきとして取り上げられることは少ない。行動上の問題の背後にある、根本的な不安感の所在や要因、予後の検討などは、多数の事例を通して知見を蓄積していくとともに、近年数多く出されている高機能自閉症者の手記を通して、その様相を具体的に理解していく作業が欠かせないものとなる。たとえば、テンプル　グランディンや森口、ニキ・藤家などの手記の中では、自閉症の内的世界が独自の感覚、知覚体験を通して形成されていること、そのような独自の感覚、知覚体験のもとではこだわりやパニックなどもかなり必然性をもって生じていること等、多くの重要な視点が明らかにされている。とりわけ手記に共通するのは、感覚の過敏性、不確かな身体感覚、そこから生じる不安感の強さに関する記述である。森口は手記の中で、「いつも私は我慢より、恐怖が先走りしてしまう子どもであった」[6]と述べているように、不安感そのものが通常想像するよりはるかにインパクトが大きく、認知では制御できない特徴をもつことが明らかにされている。ところが、近年の自閉症支援で強調されていることは、写真カードで状況予測をつけるなど視覚優位とされる自閉症児の認知特性を活かした支援方法が中心で、多くの当事者が訴える認知での制御を超えた独自の感覚、知覚体験への対応については、かなり検討の余地が残されている。私たちの不安感にも"ああそうか"と頭で理解して安心できるレベルもあれば、動悸や胸苦しさを覚えて身体が苦しいレベルのものもある。前者に対しては視覚的支援による"認知的な安心"が通用しうるが、自閉症児が体験しているであろう後者のレベルの不安には、池畑の指摘する"感覚的な安心"をどう保障するか[7]、特に身体への関わりを手がかりにしたアプローチの発展が求められている。

5. 子どもと関係を結ぶ"場"と"方法"
　―教材・教具を介した関わり―

　心理面接を通して子どもの支援に当たってきた川井は、臨床の場は「特別なときと場と人」であることに大きな意味があると述べている[8]。発達支援においても、関わりはまずどういう出会いの場をつくるか、からはじまるといってよい。筆者は、対人関係がもちにくいとされる子どもの中にも、人へ向かう気持ち、認められ、褒められたことを喜ぶ気持ちが必ずあるということを、教材・教具を介した関わりの中で強く実感してきた。障害のある子どもにとって「特別なときと場と人」とは何かを考えると、何より子どもにとってわかる教材・教具と物・人に向き合いやすい場の設定は非常に重要であるといえる。写真5に、教材を介して向き合う場面の一例を示している。この場面で使用している机は、まだ市販の玩具では十分に遊べない子ども用に机に直接穴をあけ缶を埋め込み、ボールを落としたり、物の出し入れをして遊べるよう作成したものである。子どもが座りやすい高さの椅子と机を用いて、周囲の刺激を適度に整理し、大人と対面できる場を作ることで子どもは安心して物や人に向かうことができる。そこで用いられる教材・教具は、色彩や大きさ、感触に配慮するとともに、認知の発達段階に応じて適度に挑戦しがいのある学習内容であることが求められる。障害のある子どもにとって、教材・教具の果たす役割とは何かを以下のように整理してみたい。

・ここで何をするか、子どもにとって場面をわかりやすくする。
・難易度（ステップ）を工夫することで、子どものつまずきの状況を具体的に

写真5　子どものわかる教材・教具を介して向き合う

捉えやすい。
・認知発達の基礎となる手を使う、目を使う活動を引き出しやすい。
・対人関係の基礎となる"物を介したやりとり（三項関係）"をつくりやすい。
・子どもの達成感、満足感を引き出しやすい。
・子どもの行動の滞り、こだわりに、他者が関わり、折り合いをつけやすい。

　教材・教具にはこれだけあれば十分というラインはなく、出会う子どもそれぞれに新たな教材・教具が必要となるといってよいほど、幅は広い。教材・教具を通して、単に子どものできた、できないをみるのではなく、教材を言葉に変わる交信の手段として意味づけ、子どもたちにわかる場面、わかる関わりを保障してくことが、発達支援の具体的課題であるといえる。

　近年、障害に関する情報が具体的、詳細になってきたことで、かつてはみえにくい障害といわれていたものが、「あの子はアスペタイプ」など比較的簡単にみえやすくなった時代を迎えている。それにより、今まで見過ごされてきた子どもにも支援の手がかりが得られる一方で、幼児期の早い段階からわずかな面接時間のみで早々に障害名を告げられたことで、養育者―子ども間に高い緊張と関係の危機がもたらされた親子にも数多く出会ってきた。滝川は、発達に遅れのある人々への支援の道が開かれていくことは望ましいことであるが、その道があまりにシステム化されて、一定のコースに乗せることが「支援」だとパターンナイズされてゆけば、障害のある人の暮らしや人生を狭めてしまうかもしれないという危惧を指摘している[9]。子どもの発達支援を学ぶにあたり、もちろん障害種別やその特性に関する知識は必要ではあるが、本章ではあえて障害名、診断名からつまずきをみるのではなく、認知と自己像、情緒の3つの視点から発達の道筋をおさえ、そこにつまずきが生じる子どもの姿を描くことで、障害の理解につながることを意図している。

【引用文献】
1) 小山正・神土陽子「子どもの遊びと認知発達―象徴的世界の形成」村井潤一・小山正・神土陽子編『発達心理学―現代社会と子どもの発達を考える』培風館　1999年　p.37
2) 中島誠「情動的・動作的認知の発達と言語発達―健常児・障害児に共通な発達

過程を考える」中島誠・岡本夏木・村井潤一『シリーズ人間の発達7　ことばと認知の発達』東京大学出版会　1999年　p.83
3）乾敏郎・綾屋紗月「「自閉症なるもの」をたずねて―当事者と科学者の対話〈2〉身体から考える「自己感」、「自他認知」そして「心の理論」」『科学』第81巻第11号　岩波書店　2011年　p.1199
4）田中千穂子「関係性の心理臨床‐発達臨床の視点から」田中千穂子編著『発達障碍の理解と対応―心理臨床の視点から』金子書房　2009年　p.275
5）池畑美恵子「発達障害幼児の情緒不安に関する臨床的研究（2）―高機能自閉症児の自己―他者関係と時間的枠組みの発達からみた不安の変化―」『発達臨床研究』　第28巻　2010年　pp.1-12
6）森口奈緒美『変光星―ある自閉症者の少女期の回想』飛鳥新社　1996年　p.23
7）池畑美恵子「発達障害幼児の情緒不安に関する臨床的研究（1）―身体へのかかわりを介した初期段階の事例―」『発達臨床研究』第27巻　2009年　pp.1-12
8）川井尚『母と子の面接入門』医学書院　1990年　p.45
9）滝川一廣『「こころ」はどこで育つのか　発達障害を考える』聞き手・編：佐藤幹夫　洋泉社　2012年　p.219

【参考文献】
・宇佐川浩『障害児の発達臨床とその課題―感覚と運動の高次化の視点から―』学苑社　1998年
・宇佐川浩『障害児の発達臨床Ⅰ　感覚と運動の高次化からみた子ども理解』学苑社　2007年
・滝川一廣『「こころ」の本質とは何か―統合失調症・自閉症・不登校のふしぎ』筑摩書房　2004年
・Piaget, J. *La naissance de l'intelligence chez l'enfant* Delachaux et Niestle, 1936.（J. ピアジェ　谷村覚・浜田寿美男訳『知能の誕生』ミネルヴァ書房　1978年）
・Temple Grandin *Thinking in Pictures* Doubleday, 1995.（テンプル・グランディン　カニングハム久子訳『自閉症の才能開発―自閉症と天才をつなぐ環』学習研究社　1997年）
・ニキ・リンコ　藤家寛子『自閉っ子、こういう風にできてます！』花風社　2004年

コラム 発達支援の現場—淑徳大学発達臨床研究センターの実践から

　本章は淑徳大学発達臨床研究センターで構築されてきた発達理論と実践をまとめたものである。当研究センターは、淑徳大学学祖長谷川良信の地域社会の福祉に貢献するという考えのもと、1969（昭和44）年に開設された「児童相談所」が原点となり、現在に至るまで障害幼児のための治療教育機関として活動を続けている。

　研究センターは、近隣から通う子どもの発達支援の場であることの他に、学部学生や大学院生の臨床実習の場として機能している。実習生は上級生とペアを組み1人の子どもを1ないし2年間担当しながら、発達の見方や教材・教具の教授法などを学ぶ。もちろん一人前のセラピストや教員となるには、さらに学び続けていく必要があるが、実習の役割は必ずしも"専門家"をめざすばかりではなく、1人の子どもとその家族に誠実に向き合う中で、社会にはさまざまな困難や不自由を抱えている子どもや家族がいる現実に触れ、自身の物事に対する向き合い方や社会的役割を考える機会となることも意義あるものと考えている。一方、保護者にとって実習生はどう映っているだろうか？　ある保護者は「自分は学生時代、障害のことなど考えたこともなく、好きな事だけをやってきた。今そのような子どもをもってみて、学生さんら若い人たちがこうやって関心をもってくれていることがうれしい、勇気をもらえる」と話されていた。保護者もまた、子どもを通してまなざしが広がっているといえよう。

　子どもの発達支援は、公的な療育機関、相談機関をはじめ、保育園や幼稚園での統合保育、親の会の活動の場など、さまざまな現場で展開されている。アプローチは異なるとしても、おそらく共通の願いは子どもが地域で健やかに育ち、家族が子どもの成長や子育てへの自信を得られるよう支援すること、さらに長期的にみれば幼児期に続く学童期、青年期の成長過程で生じうる発達の危機を、家族と専門的サポートの支えで乗り越え、子どもなりの自己実現が図られること、この2点に集約されるであろう。障害のある子どもの発達支援に関心があれば、是非、身近な地域の支援機関に足を運び、子どもとその保護者に関わってみてはと思う。発達支援の現場やそこに来ている家族が決して特別な存在ではないことが実感できるであろう。

第9章

「あたりまえの暮らし」をめざして
―人工呼吸器をつけた子どもたちとその家族の軌跡から―

● 本章のねらい ●

　本章の目的は、人工呼吸器を装着した子どもたちとその家族による、在宅生活等への想いと実践をもとに、子どもたちの支援に必要な視点と今後の検討課題を明らかにすることである。

　子どもの支援の現状と課題を考える本書において、人工呼吸器を装着した子どもたちを主題としたのは、その暮らしには、医療・教育・福祉とさまざまな領域にわたる問題が集約されていると筆者が考えているからであり、また「人工呼吸器」という機器を装着することは、終生において集中的な医学的管理が必要だとする社会的な意識がいまだ根強いと思われるからである。もちろん、人工呼吸器は「命綱」であり、それがなければ日々の生活はもちろん生命の危機に至る。ただ、人工呼吸器使用の子どもたちとその家族には、病院ではなく家族とともに自宅で暮らし、友人と学校に通いたいと願っている人々もいる。

　人工呼吸器装着の子どもたちの暮らしについては、主に、「人工呼吸器をつけた子の親の会〈バクバクの会〉」(以下、「バクバクの会」と記する)の機関紙やホームページ、バクバクの会の会員による文章等を参照している。バクバクの会を具体的に取り上げる理由は、人工呼吸器を装着し、かつ生活のあらゆる場面にわたり医療的ケア[*1]や身体介護が必要な重度障害のある子どもたちと家族が、自宅で暮らし地域の学校に通うという、これまでに前例のなかった事柄を次々に果たし、その実践が次のバクバクの会の子どもたちの生きる道筋をつくっているからである。そうした実践から学びたいという思いから本章は出発する。

---

*1　何を「医療的ケア」とするかを厳密に決めることは困難だが、本章では、導尿や摘便などの排泄に関するケア、人工呼吸器装着者の痰の吸引や機器の操作及び気管切開部の衛生管理、経管栄養、酸素吸入、服薬管理等の行為を「医療的ケア」とする。こうした医療的ケアは、難病や障害を有する人々にとって、生命維持につながることであるとともに、生活に必要な、極めて日常的なケアである。

1. 権利に関する2つの国際条約

　本節ではまず、子どもの権利及び障害のある子どもの権利に関わる国際条約の規定について確認しておきたい。

　子どもたちの暮らしや育ちへの支援を考えるにあたり、欠かすことができない視点が「児童の権利に関する条約」[*2]に詰め込まれている。

　児童の権利に関する条約の大きな特徴が、権利を享有し行使する主体として子どもを位置づけ、その権利の保障を示す点である[*3]。子どもは年齢的な幼さと未熟さゆえに、大人からの保護・援助を必要とする。もちろん、子どもが家族や社会から適切に保護されることは極めて重要であるが、そのことが子どもを保護の対象として「のみ」捉えることを自明としてきた向きがある[1,2]。児童の権利に関する条約における、適切な保護を受ける権利とともに、子どもの能動的権利への着目は、従来の子ども観を変更する契機となった。

　児童の権利に関する条約では、さまざまな場面・状況における子どもの権利を示している。たとえば、十分な医療、社会保障、生活水準が保障される権利や教育を受ける権利、虐待からの保護を受ける権利等である。こうした権利の保障にあたり重要な概念が「児童の最善の利益」である。第3条と第4条では、児童に関するすべての措置において児童の最善の利益が主に考慮されること、児童の福祉に必要な保護や養護のために、適当な立法上及び行政上の措置をとると規定している。

　しかしわが国では、現在、条約の理念の実現に向けてまだ多くの課題がある。子どもの貧困、児童虐待の増加、教育現場におけるいじめの問題などすぐにいくつか想起できる。そうした課題のひとつに障害のある子どもたちへの「適切」なケア体制の不十分さがある。

[*2] 児童の権利に関する条約は、1989（平成元）年に国連で採択され、1990（平成2）年に国際条約として発効。日本は1994（平成6）年に批准している。

[*3] 子どもが権利行使の主体であることを端的に表しているのが、第12条の意見表明権である。

児童の権利に関する条約の第23条においても、「その尊厳を確保し、自立を促進し及び社会への積極的な参加を容易にする条件の下で十分かつ相応な生活を享受すべきであることを認める」と、障害児の権利について明記している。加えて、2006（平成18）年に国連で採択された「障害者の権利に関する条約」も障害児の権利を考えるにあたり極めて重要である。2012（平成24）年現在、日本はまだ批准していないが、批准を視野に入れ、各法の整備を進めているところである。

障害者の権利に関する条約では、第7条で障害児について、次の規定がなされている（以下、2012年度現在の政府による仮訳）。

> 1　締約国は、障害のある児童が他の児童と平等にすべての人権及び基本的自由を完全に享有することを確保するためのすべての必要な措置をとる。
> 2　障害のある児童に関するすべての措置をとるに当たっては、児童の最善の利益が主として考慮されるものとする。
> 3　締約国は、障害のある児童が、自己に影響を及ぼすすべての事項について自由に自己の意見を表明する権利並びにこの権利を実現するための障害及び年齢に適した支援を提供される権利を有することを確保する。この場合において、障害のある児童の意見は、他の児童と平等に、その児童の年齢及び成熟度に従って相応に考慮されるものとする。

ここにも児童の権利に関する条約の鍵概念のひとつである「児童の最善の利益」が、障害児の措置にあたり主となる旨が示されている。他の障害のない子どもとともにさまざまな権利を有し、そして、そのために締約国は必要かつ合理的な措置をとらなければならないとする「合理的配慮」も第2条において示されている。

2．人工呼吸器をつけて暮らすということ

　これまで、2つの国際条約をみてきたが、どちらも権利の主体として子どもや障害のある人を捉え、その権利を保障するために締約国がとるべき義務を定めている。障害の有無にかかわらずその権利が保障される、そうした社会が求められるということが、これら条約の規定からわかる。

　条約の規定を理解しつつ、子どもたちの現状及び現在につながる道筋をみよう。本章では平本歩さんとその家族の軌跡を追うこととしたい。

（1）平本歩さんのこと

　平本歩さんは、兵庫県尼崎市で1985（昭和60）年に、ミトコンドリア筋症という細胞内のミトコンドリアの機能障害により筋力が低下していく難病を抱えて生まれた。生後3か月で大阪市内の淀川キリスト教病院に入院し、6か月めには人工呼吸器を装着して現在に至っている。

　バクバクの会は、淀川キリスト教病院の院内グループとして出発した。この病院は1970年代後半より疾病新生児を可能な限り受け入れる方針をとっており、重度の障害があり人工呼吸器を装着した子どもたちが複数人、入院生活を送っていた[3]。

　バクバクの会の初代会長は平本弘冨美さんであり、その娘が平本歩さんである。歩さんは24時間体制の介護・看護を必要とする。全身の筋力低下にともない、移動には寝たままで移動するストレッチャー式車いすを使用し、あらゆる生活場面で介護を要する。また、言葉を発するコミュニケーションは困難で、指先にセットしたスイッチでパソコン操作してコミュニケーションをとる。

　そして経管栄養や人工呼吸器の使用等の医療的ケアが歩さんの日常には不可欠だ。口からの栄養摂取が困難な歩さんは、胃に直接栄養を流す経管栄養法により食事をとる。人工呼吸器については周知のとおり、呼吸運動の障害や気道や肺の機能不全により自力での呼吸が困難な場合に使用するものであるが、人

工呼吸器を付けさえすれば呼吸に関する問題がすべて解決というわけではない。勢いのある呼気や咳ができない場合、つばや痰が気管支や肺、人工呼吸器の気管カニューレ内にとどまってしまい、肺炎を引き起こしたり呼吸困難の原因にもなるので、その都度吸引器で痰を吸引する必要がある。喀痰吸引ケアは昼夜問わず、必要に応じて行われる。時間が決まっているわけではないので、常に吸引ができる体制を取る必要がある。また、人工呼吸器の管理やアクシデントの可能性に備えることも必要である。

　こうして書いていくと、相当「重度」「重篤」な障害があると思われるだろう。もちろん歩さんには常時の看護・介護が欠かせない。しかし、それがその人を病院や施設にとどめる理由にはならない。歩さんとその家族は、子どもの、いや一人の人間としての「あたりまえの暮らし」を求めて、自宅で暮らすという道を切り拓いてきたのである。

（２）　病院から自宅へ―人工呼吸器は生活に必要な「補装具」という認識―

　平本歩さんの病気、ミトコンドリア筋症は、歩さんが生まれた1985（昭和60）年当時、日本で100例の報告しかなく、治療法の確立もしていない難病であった（神戸新聞1990〈平成２〉年３月８日朝刊）。難病で、かつ人工呼吸器を装着した子どもの入院期間は長期にわたっていたが、それは障害が重度であるということに加え、当時、小児用の人工呼吸器は病院据え置きのものしかなく、人工呼吸器を装着するということは、一生を病院の中で過ごすことを一般的には意味していたからでもあった。歩さんの両親も、歩さんの安全を考えると、入院生活の継続はやむを得ないものと考えていた[4]。

　変化の契機は、入院先である淀川キリスト教病院の取り組みだった。アメリカアリゾナ州でのメイク・ア・ウィッシュ基金とその考え方に影響を受け、子どもたちの「夢をかなえる」プロジェクトを進行していたのである。最初は重症仮死で入院していた男の子に自宅の畳を踏ませてあげたいという願いのもと、医師や看護師、家族が協力し、約１時間自宅で過ごすことを行った[5]。それ以降、搬送用人工呼吸器の開発にともない、入院している子どもたちの外泊

の取り組みが進められていった。

　歩さんは1歳8か月のとき、入院後はじめて、医師と看護師が同行して2時間ほど自宅に戻った。それは家族にとって大きな一歩となり、その後も病院の協力のもと外出や在宅での外泊経験を重ねていった。そうした積み重ねの中、歩さん家族の考えにも変化が生まれてくる。それは人工呼吸器への認識の変化だった。この当時を振り返り、母の美代子さんは次のように語っている。

　　　　　　　　❖❖❖❖❖❖❖❖❖❖

　生後6か月から呼吸器がつけられまして、非常にショックで、「これでこの子の一生は終わりだ。一生病院の中で暮らしていくだろう」と考えていました。呼吸器などというものは、見たことも聞いたこともありませんで、生命を維持する装置、延命を助ける装置で、本当の重症患者がつけるものだというイメージがすごくありました。

　島田先生（筆者注：歩さんの主治医）に勧められてから、外出・外泊を26回在宅するまでに行ったのですけれども、その間に、呼吸器さえあったらどこへでも行ける、生命維持装置という意味ではなくて、歩が生活する上で必要な道具であって、私たちが使っている眼鏡や松葉杖、車いすと同じ補装具か日常の生活用具であると、考えが変わってきました。

　この「生命装置から補装具へ」という考え方の転換が非常に大きな岐路になりまして、今までは「歩は呼吸器につながれている人間」と考えていたのですが、そうではなく、「歩自身が呼吸器をつけている。呼吸器をつけた歩」と考え、「一人の人間である、一人の子どもである」と考えられるようになりました[6]。

　　　　　　　　❖❖❖❖❖❖❖❖❖❖

　入院生活とは異なり、自宅での外泊となるとすべての医療的ケアを看護師に委ねるわけにはいかない。家族は当初、医学的知識をもたない「素人」が医療的ケアをすることへの不安から、ケアを看護師に任せきっていた。しかし、外泊を重ね、さまざまな場所に歩さんを連れて行きたいという思いを実現するためには、医療的ケアの修得が不可欠であり、それゆえ一番身近な家族がケアを担えるように練習を重ねた。そうした経験の積み重ねに基づく自信が、上記引

用でみたように人工呼吸器への認識の変化につながっていく。人工呼吸器は生活に必要な「補装具」である、と。それは決して人工呼吸器を軽んじるということではない。医療的ケアには細心の注意を払わなければならないが、それは病院の中だけに子どもをとどめる理由にはならないことに気づき、歩さんの生活の選択肢が一気に広がる可能性が膨らんでいくこととなる。この発想の転換は、歩さんと家族のその後の暮らしを切り開く礎となっている。

とはいえ、現実として入院生活から在宅生活に移行するとなると、人工呼吸器の確保や介護・看護にあたる人の確保が必要になる。当時は、在宅人工換気療法が医療保険の対象ではなかったため、人工呼吸器購入手段は自費でしかなく500万円以上かかった。さらに当時、人工呼吸器装着の重度障害のある子どもの在宅生活は全国的に前例のないことだった。つまり、そのような想定がないまま福祉制度がつくられているため、在宅看護や福祉の制度はまったく十分ではなかった。しかし、24時間体制の介護を家族だけで担うことは不可能である。そうした状況から、在宅生活への希望はあっても、実行に移す決断ができなかった。

在宅生活に踏み切る直接的な理由は、やはり日々の歩さんの存在だった。自宅での外泊を重ねている間も、歩さんは成長していく。歩さんが3歳のとき、長期の外泊を終え病院に戻る際に大泣きし、心拍が上がりアラームが鳴り続けた。そのとき家族は、自宅で家族と歩さんがともに暮らす決断をしたという[7]。弘冨美さんは当時について、「もはや病院での生活は限界にきている、生活の場としては狭すぎる。自宅・地域であたりまえの生活をさせてやりたいと考えた」と述べている[8]。

人工呼吸器の購入にあたっては、自宅マンションを売却し、賃貸アパートに引っ越すことで金銭を工面した。また、廃品を利用してストレッチャー式車いすを手作りするなど工夫を重ねた。介護の人手については、地域の人たちの協力を得て、「人工呼吸器をつけた子の在宅を支える会」を結成することで体制を整えていく。そして、父親がそれまで勤めていた仕事を辞めて歩さんのケアに専念し、母親は仕事と介護を両立することとなった。

在宅生活に向けて課題や不安は多くあった。しかし、準備が完璧に整うまで

待っていては、いつまでも歩さんは退院できない。歩さんは成長していく。生じる不安や課題はその都度考えていこうと、家族は歩さんの在宅生活に踏み出したのである。それは歩さんが4歳の時、1989（平成元）年のことだった。

（3） 保育所での経験―子どもたち同士のふれあいの中で―

　病院から在宅生活への移行準備のひとつに、保育所入所手続きがあった。今までの病院生活では衛生管理と安全が保たれていた。地域の保育所に通うとなるとそうはいかない。保育時間中の感染の可能性や医療的ケアへの不安がある。とはいえ、自宅にいたままでは何のために退院したのかわからない。歩さんにあたりまえの生活をさせたい、子どもは子ども同士の中で育っていくという家族の考えのもと、地元保育所への通所に向けて家族は行政との交渉を重ねていた。

　しかし尼崎市は、保育になじむ子（動ける子）、共働きなど保育に欠ける子等を保育所利用の条件にあげ、さらに、歩さんに医療的ケアが必要なことからも受け入れができないという決定を下したため、公立保育所利用を諦めざるをえなかった。

　その後、私立の保育所で受け入れが可能となり、歩さんはそこで2年間を過ごすことになる。保育所側も人工呼吸器を装着した重い障害のある子どもを受け入れた経験がなく、家族にとっても保育所にとっても模索しながらの保育活動だった。ただ、人工呼吸器をつけているからできない、ではなく、どうすれば他の子どもたちと一緒の経験ができるかを、歩さんを中心に保育者と家族がともに考える姿勢があったことは大きかった。

　そうした保育所側の姿勢は、他の子どもたちにも大きく影響していたようである。子どもたちは保育士が歩さんにケアする様子を見て、一緒に手を出すこともあった。機器運搬の手伝い、涙や唾液を拭き、また痰の吸引の際には子どもたちが器具を取り合いになるほどで、歩さんの周りには多くの子どもたちがいた[9]。

　また、家族が懸念していた感染の不安は杞憂に終わった。保育所での2年間

の中で感染回数は少なくなり、感染してからの回復も早くなってきた。結果、保育所1年目は6割の出席率、2年目は8割の出席率だった。

　保育所での2年間を過ごせたことは、歩さんにとっても家族にとっても大きな喜びと自信になった。歩さんは大勢の子どもたちのいる保育所が気に入り、体調が悪い日でさえも保育所に行くと言い続けていたそうである。父・弘冨美さんは次のように述べている。

※※※※※※※※※※

　この保育園での経験と入院中の外出・外泊の取り組みが、私たちの考えの基礎になっています。人工呼吸器をつけていてもどんな障害があっても"ひとりの人間、ひとりの子ども"として、地域の中で大勢の友達と一緒に生活することが自然なんだ。人工呼吸器や医療的ケアは、そのための補装具であり介護であるということを、理屈ではなく実感として感じることができました[10]。

※※※※※※※※※※

（4）　学校における医療的ケアという課題

　保育所での経験を携え、地元の子どもたちが通う小学校に入学するという選択は、歩さんとその家族にとって自然なものだった。しかし、親の希望がすべてかなうわけではなかった。尼崎市教育委員会就学指導委員会の当初の決定は、養護学校籍での訪問教育が妥当であるとしながら、登下校中や学校内での「医療行為を保護者が責任をもって行うこと」を条件に、障害児学級（現在の特別支援学級）への入学を認めるというものだった[11]。この決定に対し、障害児学級ではなく通常学級で学習し行動できるように要求し、親の付き添いを学校教職員が代行できるよう求めた。前者については、原学級保障はできないが、交流教育を最大限行うという回答が教育委員会から得られたのに対し、後者については人工呼吸器の取り扱いなどは命に関わることであり、そうしたケアを学校教職員はできないという結論のまま、親の要求が通ることはなかった。

　この条件を受け入れなければ地元の小学校に通うことはかなわないという状

況の中、親が付き添いながらの学校生活がはじまる。歩さんはその後、地元の中学校、そして受験を経て高校へと進学するが、高校までの学校生活にはすべて親の付き添いが入学の条件とされていた。

　しかし親の立場から、親が学校に付き添い、子どもの医療的ケアを行うことの問題として、次のような指摘がある。
① 　親が病気やなにかの事情で付き添えなければ、子どもは学校に行けない。
② 　親が常時側にいることで、子どもの自立を阻害する。
③ 　ほかの子どもたちに差別意識を定着させ、共生関係を阻害する。
④ 　親は疲労困ぱいし、良好な親子関係、安全確保も阻害される[12]。

　経管栄養や痰の吸引及び人工呼吸器の管理といった医療的ケアは、歩さんの生活にとって極めて日常的なことであり、必要不可欠なことである。医療的ケアを日常生活行為と捉え、保育や教育の現場で積極的に位置づけてほしいと、平本さん家族は長年求め続けてきた。また、親が子どもに終始付き添うことは、周囲の障害のない人々にとって、「障害のある子や難病の子には、親が付き添うのが『あたりまえ』」という意識を植え付けてしまう。それは障害のある子が、他の子ども同士の関係の輪に入ることから遠ざけることにつながってしまうのである。

　そして、学校でも親の付き添いが必要となれば、親は24時間体制で子どものケアをしなければならなくなる。家族だけで24時間のケアを行うのは限界があり、またそうした逼迫したケアの体制が、子どもの生命の安全を脅かすことにもつながりかねない。

（5）　誰が医療的ケアを担えるのか

　結果として歩さんは小・中・高校を通して親の付き添いを余儀なくされたわけだが、そこには医療的ケアを誰が担い得るのかという課題がある。

　法的な原則からいえば、医師法第17条の規定及び保健師助産師看護師法第31条により、医師や医師の指示を受けた看護師以外は医業を行ってはならない。つまり、医療資格を有しない教員は医療的ケア全般を行えず、医師や看護師以

外で医療的ケアを行えるのは本人及び家族のみとされている。

　しかし、医療的ケアが必要な子どもは現実に存在し、原則通りでは自宅や病院のベッドサイドでの訪問教育しか教育を受ける道はない。実際には、歩さんが学校生活を送っていた1990年代当時に教職員が医療的ケアを行っていた養護学校の多くは、保護者の依頼に基づき、保護者や子どもの主治医から医療的ケアの指導を受けて実施していたという[13]。

　それとてすべての自治体のすべての養護学校でその方針をとっていたわけではない。東京都教育委員会は1988（昭和63）年に、医療的ケアの必要な子どもの就学措置は「原則として訪問学級」とする見解を示したが、大阪府では1990（平成2）年に、訪問教育への措置や保護者付き添いが子どもの教育内容を制限することにつながるとし、医療的ケアを主治医からの十分な助言指導の上で教職員が保護者に代わって行うことが妥当であるとの方針を示していた[14]。

　このように、各自治体で差はあるものの、医師法上の規定ゆえに、万一の事故の際の責任の所在が明確にはならず、教職員も保護者も不安な状態であることは、全国で共通していた。自治体によっては看護師を配置するところもあったが、財政上の面からすべての学校で配置されているわけではない。ましてや、歩さんが通っていたのは地元の小・中学校、高校だった。歩さんのように常時の医療的ケアや介護を必要とする障害のある生徒を受け入れた前例がないことも大きく作用し、結果として歩さんには親が付き添っての学校生活となった。

3．学校時代を振り返って
　　—かつての子どもたちの思い—

（1）平本歩さんの現在

　2004（平成16）年に高校を卒業した平本歩さんは、現在は、バクバクの会活動、特にバクバクの会の機関紙の編集長として活躍するとともに、歩さんが通っていた保育所に講師として勤めている。保育所には歩さんに派遣されるヘルパーとともに出勤し、ヘルパーの手を借りながら子どもたちと絵を描くなどの

保育活動をしている。また、2011（平成23）年からは親元を離れて自立生活をはじめている。常時の医療的ケアの必要から、常に2人体制のヘルパーがつき、24時間の介護を受けながら生活を営んでいる。

歩さんのこれまでには、前節までで述べたようにさまざまな壁があった。家族とともに自宅で暮らす、地域の保育所や学校に通うといった事柄が、障害があるゆえにできない。歩さんとその家族は、そうした状況を「あたりまえ」と捉えずに、同年齢の子どもと同じ場所で、同じように暮らすことこそ「あたりまえ」と捉えて、その実現に向けてきた。

歩さんはこれまでを振り返り、「うれしかったこともあったし、嫌だったこともたくさんありました」と話し[15]、また別の機会には、「家が絶対いい。病院なら何も楽しいことがないから。家にいれば学校にも行ったり、ショッピングをしたり、友達と遊んだりすることもできて楽しいです」[16]と話している。自宅で過ごすことのよさと自由。また、友人と遊び、勉強できたことや卒業後も道で会うと声をかけ合う友人や先生がいることに、地域での教育のよさを見出している[17]。

学校生活で嫌だったこと、そのうちのひとつは、親の付き添いを求められ続けたことだった。

❖❖❖❖❖❖❖❖❖❖

小学校から高校まで12年間、お父さんが学校にずっと付き添っていました。他の友達は親がついていないのに私だけが親がついているし、親が病気になれば私も学校を休まなければならなかったのですごく嫌でした[18]。

❖❖❖❖❖❖❖❖❖❖

障害のある子どものケア責任が親に集中することへの抵抗が、この言葉から読みとれる。現在、歩さんはヘルパーとともに親元を離れた暮らしを送っているが、そのためには、歩さんに必要な医療的ケアができるヘルパーを多く育てなければならない。医療的ケアは特別なものではないという認識は、歩さんが在宅生活を送るうえでの一貫した考え方である。生活をつくり上げていく楽し

さとともに、人材をつくる活動や、人工呼吸器をつけた子どもたちが、地域で生活できうる社会を求めての活動を続けている。

（2） 佐藤有未恵さん、折田涼さんの経験と思い

　平本歩さんは、人工呼吸器をつけた子どもたちの地域生活を考える上で、いわば「先駆者」だが、歩さんのように、地域での学校生活や暮らしを営むバクバクの会メンバーが存在する。そうした方々の姿を紹介したい。
　佐藤有未恵さんは、1987（昭和62）年に大阪市で生まれた。ウエルドニッヒホフマン病で、生活のあらゆる面で介護が必要である。生後3か月から人工呼吸器を装着し、3歳までは入院していたが、その後は自宅に戻り、幼稚園・小・中学校と地元で過ごした。高校は受験したが不合格だったために、養護学校高等部で過ごしている。
　大阪市には「看護指導員派遣事業」があり、これは医療的ケアを必要とする生徒が在籍する小・中学校及び養護学校に、看護師資格を有する看護指導員を派遣し、担当教員への指導助言を行うものである。しかし、万一の事態を想定し、学校内での親の待機を求められ続けた。親の疲労は蓄積し、夜間のケアに支障が生じることもあった。
　佐藤さんは中学校卒業後に養護学校高等部に進学する。当時を振り返り、地元の小・中学校と養護学校の違いについて次のように話す。

※※※※※※※※※※

　養護学校の友達で、卒業後をすごく心配している子がいた。小学校から12年間、ずっとあの中にいたら、外の世界へ出るのは怖くなると思う。（中略）普通校は、人数も多いしいろいろな子がいてたから、友達関係でいやなこともあるけど、感激したり助けられたりもいっぱいあった。（中略）普通校で、たくさんの友達といやなことも楽しいこともいっぱい経験できるほうがいいです[19]。

※※※※※※※※※※

折田涼さんは1989（平成元）年に大阪府池田市で生まれた。佐藤さんと同じくウエルドニッヒホフマン病により、生後6か月から人工呼吸器を使用し、常時の介護が必要である。地域の保育所を出た後、地元の小・中学校、高校を卒業し、現在は大阪で「医療的ケア連絡協議会」*4を立ち上げ、医療的ケアの社会的理解を深める活動を行い、会の代表を務めている。

　折田さんは3歳6か月から家族とともに自宅で暮らしている。保育所では、当初は親の付き添いが必要だとされていたが、介護のための専任看護師が配置され、医療的ケアも保育所で行われることで、親の付き添いは不要となった。母親である折田みどりさんの手記によれば、「看護師さんと保母さんたちが吸引も含めて関わってくれることで安心できたのか、保育所が大好きで伸び伸びと過ごし、同年齢の子どもたちとの触れ合いは心も体も大きく成長させた」[20]とあり、さらに保育所で、ケアを含めてさまざまな人や子どもたちと関わることによって、「生活をより豊かにすることができ、自立を育む」[21]ことができた。

　保育所に通った経験から、やはり小学校も地域の小学校を希望したが、人工呼吸器をつけていることや医療的ケアが必要なことから養護学校を勧められてきた。再三の話し合いの末、地域の小学校に通えることになったが、親以外は医療的ケアができないとして親の付き添いが求められた。小学校5年生時に、池田市で重度障害児介護員学校派遣事業が開始した。これは市から看護師が介護員として学校に派遣され、その看護師と教職員が連携してケアを含めた学校生活全般のサポートを行う取り組みである。この事業を機に、親の付き添いは不要になった。折田涼さんは、この当時を振り返り、「やっと心から安心して学校に通えるようになったし、ボクは初めてひとりの人間として認められたような気がしました」[22]と述べている。

---

　*4　活動の内容については当会のインターネットサイトを参照のこと。
　　　http://renkyo-kujira.jimdo.com/（2013年3月18日閲覧）

第9章 「あたりまえの暮らし」をめざして ●183

ボクは、当たり前の生き方として、地域の保育所、小学校、中学校、高校と通ってきました。呼吸器をつけていても、ストレッチャーに乗っていても、一緒に学び生きることができる学校はとてもステキな学校です。このような学校で学ぶことができ、工夫をし、手助けしてもらいながらも、様々なことにチャレンジできたこと、たくさんの人に出会い、友達に恵まれたことは、ボクが、自立生活を送っていくための自信と勇気の元になっていると感じています[23]。

　平本さん、佐藤さん、折田さんともに、地域で暮らし、地域の学校で学ぶにあたりさまざまな出来事を通過してきている。いいことばかりではなく、嫌なこともたくさんある。しかしそれらすべてをひっくるめて、「生活」は構成されるものである。暮らしと育ちの経験の積み重ねが、ここにあげた3人の現在の生活につながっている。私たちは、そのことの大切さと重みを認識し、子どもの望みに根ざした支援のありようを考究しなければならないだろう。

4．医療的ケアが必要な子どもたちの暮らしのために

（1）　子どもたちを取り巻く状況の変化

　これまで主に平本歩さんの軌跡を中心に、地域で暮らし、育ち、学ぶにあたり、本人と家族はどのような課題に直面していたのかを述べてきた。この間、医療的ケアが必要な子どもたちを取り巻く状況は、さまざまに変わっている。
　平本歩さんが入院していた淀川キリスト教病院内ではじまったバクバクの会は、現在は全国組織となり、会員数も600名にのぼる。また、医療技術の進歩と在宅人工換気療法の普及により、在宅生活を送る人工呼吸器をつけた子どもたちの数は、平本歩さんが子ども時代を過ごした20年前と比較しても大きく増え、現在では2,000人以上といわれている。

学校における医療的ケアの変遷についても触れておきたい。第3節でみたように、1980年代後半より大都市圏を中心に医療的ケアを必要とする子どもたちの就学ニーズが高まるが、生徒の安全確保と医師法規定との関係のため、対応をめぐって養護学校を中心に検討と議論が重ねられてきた。2004（平成16）年には厚生労働省と文部科学省により「盲・聾・養護学校におけるたんの吸引等の取扱いについて」という通知が出され、ここにおいて、保護者及び主治医の同意や、医療関係者による的確な医学的管理、学校における体制整備等の一定の条件を果たした上で、教員の医療的ケアの実施であれば、やむをえず必要な措置として医師法の違法性は阻却されるとの解釈が示された。また、それにともない、養護学校には看護師が配置されるようになった。
　しかし依然として教職員の業としては認められておらず、それゆえの不安定さを解消すべく、2012（平成24）年度からは学校教員や介護員なども一定の研修を受ければ、医師法及び保健師助産師看護師法の規定にかかわらず、診療の補助として、痰の吸引と経管栄養の医療的ケアについてはできるようになった。こうした変化が、子どもたちの周囲にはある。
　医療的ケアの必要なすべての子どもが地域の学校に通うことを望むわけではもちろんない。特別支援学校に通ったり訪問教育を受けている子どもも当然いる。また、在宅ではなく、治療の必要があったり在宅で受け入れる体制が整わないために、入院生活や施設生活を送る子どもたちがいる。バクバクの会は、在宅／院内問わず、また地域の学校か特別支援学校かを問わず、人工呼吸器をつけた子どもたちの視点にたち、子どもたちの望みがかなうような社会をめざして活動し、また日々の暮らしを通して社会的アピールを続けてきた。
　現在ではその活動が実を結び、バクバクの会が生まれた1980年代後半当時の常識だった、人工呼吸器をつけることは二度と自宅には戻れないことを意味する、といった想定は崩れている。また障害のある子が通常学級で学ぶ姿もみられるようになっている。子どもたちの生活の選択肢は確実に広がっている。

（2） 子どもたちの生活と育ちのための課題

　しかし、医療的ケアを必要とする子どもの生活には、依然として課題が山積している。バクバクの会は、2005（平成17）年度定期総会において課題の整理を行っている[24]。その内容は、①子どもたちの「生きる権利」の保障、②入院や施設入所及び在宅での医療上の安全確保、③入院・入所施設におけるQOLの保障、④在宅生活を支える福祉・訪問看護、レスパイトサービス等の在宅支援の充実、⑤自立と社会参加が可能となるような環境整備、⑥医療的ケア体制の充実である。
　すべてについて詳細に論じる紙幅がないのだが、本章でこれまで述べてきたことを踏まえて、かつ上記6項目に通底する課題を指摘する必要はある。

① 「子ども本人の生活支援」という方向へ
　1点めは、医療・看護、教育、福祉において、「子ども本人の生活支援」を軸におくことである。これまで、医療的ケアが必要な子どもへのケアの責任が親に集中していく様相をみてきた。ケアを親が引き受けるのは、もちろん親には子どもを適切に養育する義務があるからであり、何より子どもを愛しているからだが、平本歩さんたちの軌跡からみえてくるのは、親がケアを担わざるを得ないほど、地域社会で障害のある人の生きる基盤の整備がなされていないためでもある。学校に親が付き添い続けなければならないことによる親と子ども本人の負担は、これまでの節でみた通りである。また、親が子どもの通学に付き添い続けることができるのは、それ相応の経済的余裕や体力、子どものためだけに時間をつくることができるような家庭の状況があってのことである。このどれかの要素が欠けていれば、子どもの通学は断念せざるを得ない。

② 医療的ケアを即時に、かつ安全に
　課題の2点めは、1点めとも関連するが、日常的な医療的ケアを即時にかつ安全に行える体制づくりの必要である。人工呼吸器と医療的ケアは日常的に不可欠なものであることをみてきた。だからこそ、医療的ケアの必要を理由にしたさまざまな制限がある現状を再考しなければならない。先に、2012（平成24）年度から特別支援学校等において、痰の吸引と経管栄養については一定の研修

を受けた教職員が実施することが可能になったことを述べた。しかし医療的ケアの内容は、痰の吸引と経管栄養だけにとどまらない。排泄に関する医療的ケアや人工呼吸器の操作、緊急時の対応等、今回の改正から漏れ落ちるケア内容も多い。そうした緊急時や万一の事態のために、地域の学校はもちろん、特別支援学校においても依然として親の付き添いが求められる状況にある。

　もちろんだからといって、どのような人でも医療的ケアができるようにと求めているわけではない。医療的ケアは個別性が高いため、個に応じての十分な研修体制と医療職のバックアップ体制が不可欠である。在宅医療・看護の体制をもっと充実していかなければならないし、特別支援学校や地域の小・中学校、高校等においても必要に応じて看護師の配置が行われなければならないだろう[*5]。

③　地域格差の是正

　筆者がバクバクの会の通信や全国の医療的ケアの必要な子どもたちの様子について学ぶ中で、どの自治体／地域で生まれ育つかによって、生活の可能性の広がりに大きな差が生じていることを強く意識した。本章で取り上げた平本歩さん、佐藤有未恵さん、折田涼さんはほぼ同年代であるが住む自治体が異なることから、教育委員会等の対応や自治体の事業実施に差があり、それが親の負担を左右している。

　在宅生活を送るのに必要な居宅介護等の福祉サービスや訪問看護の派遣時間数、実施できる事業所の数等も各自治体によって差がある。さらに、居宅介護においては人工呼吸器を使用している人々へのケアを行わないとする事業所も少なくない。

＊5　2012（平成24）年度からの痰の吸引等の法制化に絡んで、2011（平成23）年12月に文部科学省初等中等教育局長通知「特別支援学校等における医療的ケアの今後の対応について」が出された。特別支援学校においては、看護師等の適切な配置とともに看護師等と教員との連携により、痰の吸引や経管栄養のケアを行うこと、教育委員会の総括的な管理体制や学校の組織的な体制を整備することとしている。地域の小中学校等においては、原則として看護師等を配置しながら主として看護師が医療的ケアにあたり、教員がバックアップする体制が望ましいとしている。

どこで生まれ育っても、子どもが同じようにケアを受けながら育ち、教育を受けることができるように地域格差の是正を図っていく必要がある。医療的ケアを受ける子どもにも、他の子どもたちと同等に、すべての人権及び基本的自由を完全に享有する権利を有しているのである。

5.「権利」の実現に向けて

　最後に、第1節で述べた「権利」についての議論に立ち戻ろう。人工呼吸器をつけた子どもたちの暮らしには、医療、教育、福祉の問題が集約されていることから、本章ではこうした子どもたちの育ちや教育における権利を保障するための議論を行ってきた。

　現在、障害者権利条約の国内批准に向けて、障害者関係の法は整備の段階に入っている。まず法改正がなされたのは、2011（平成23）年の障害者基本法改正である。すべての国民が、障害の有無にかかわらず、等しく基本的人権を享有することが謳われ、第3条には「地域社会における共生」が法に規定された。また、第16条の教育に関する条文には次のようにある。

> 　国及び地方公共団体は、障害者が、その年齢及び能力に応じ、かつ、その特性を踏まえた十分な教育が受けられるようにするため、可能な限り障害者である児童及び生徒が障害者でない児童及び生徒と共に教育を受けられるよう配慮しつつ、教育の内容及び方法の改善及び充実を図る等必要な施策を講じなければならない。

　権利に関する条約の内容とその理念は、批准にともない、国内の各法及び政策に大きな影響を及ぼす。そうした政策の動向に注視することが、私たちには必要である。同時に、子どもたちの日常に視点を合わせ、子どもを取り巻く現状・仕組みが、子どもの意思に沿った、子どもが育つために有効なものかどうかを検討しなければならない。医療的ケアが必要な子どもをはじめ、さまざ

な環境におかれた子どもの権利を守るためには、その子どもの視点に沿いつつ、必要なケアが受けられるような環境整備に努めることが肝要だ。

【引用文献】
1）樋口範雄「子どもの権利の法的構造—国の役割とそのしくみを含んで」石川稔・森田明編『児童の権利条約—その内容・課題と対応』1995年　粒社　pp. 22-23
2）荒牧重人「子どもの権利条約の成立と内容」永井憲一・寺脇隆夫編『解説　子どもの権利条約』1990年　p. 15
3）八木慎一「小児在宅人工呼吸療法の開始と普及において果たした親の役割について─『人工呼吸器をつけた子の親の会〈バクバクの会〉』の活動の視点から」立命館大学『Core Ethics』第8号　2012年　pp. 385-396
4）平本弘冨美「はじめに」『バクバク』第1号　1989年
http://www.arsvi.com/m/bakubaku.htm（2013年3月19日閲覧）
5）船戸正久「『バクバク』の創刊に寄せて」『バクバク』第1号　1989年
http://www.arsvi.com/m/bakubaku.htm（2013年3月19日閲覧）
6）平本美代子「平本歩ちゃんの在宅5周年の報告」『バクバク』第25号　1995年
http://www.arsvi.com/m/bakubaku.htm（2013年3月19日閲覧）
7）平本弘冨美「保護者の願い　子どもの生活、権利からのアプローチを」『肢体不自由教育』第139号　1999年　p. 56
8）平本弘冨美「4月から在宅します」『バクバク』第5号　1990年
http://www.arsvi.com/m/bakubaku.htm（2013年3月19日閲覧）
9）前掲書7）　p. 57
10）前掲書7）　p. 57
11）平本弘冨美「歩の在宅レポート（6）」『バクバク』第13号　1992年
http://www.arsvi.com/m/bakubaku.htm（2013年3月19日閲覧）
12）平本弘冨美「医療的ケアの必要な子どものケア」『ノーマライゼーション』第20巻第1号　2000年　p. 57
13）下川和洋「医療的ケアが必要な子どもと家庭教育」『福祉労働』第111号　2006年　p. 54
14）同上書　pp. 50-53
15）平本歩「在宅生活から自立生活を目指しています─何でもチャレンジのバクバクっ子・平本歩さん」『難病と在宅ケア』第11巻第8号　2005年　p. 6
16）NHK厚生文化事業団「インタビュー〈人工呼吸器をつけて地域で暮らす〉平本歩さん」2006年
http://www.npwo.or.jp/interview/2008/post_8.html（2013年3月19日閲覧）
17）平本歩・佐藤有未恵・折田涼他「公開インタビュー─人工呼吸器をつけた子の親の会〈バクバクの会〉の成り立ちと現在（後半）」『福祉労働』第134号　2012年　p. 9

18）前掲書15）　p. 6
19）前掲書17）　p. 13
20）折田みどり「人工呼吸器をつけた家出少年－地域で暮らす・「医療行為」から「生活支援行為」へ」『福祉労働』第111号　2006年　p. 36
21）前掲書17）　p. 37
22）折田涼「人工呼吸器をつけて地域で生きる～これがわたしの生きる道～」『大阪作業療法ジャーナル』第25巻第1号　2011年　p. 7
23）前掲書17）　p. 16
24）人工呼吸器をつけた子の親の会〈バクバクの会〉：活動方針
　　http://www.bakubaku.org/katsudou-houshin.html（2013年3月19日閲覧）

コラム 障害のある子どもの学ぶ場

　「特別支援教育」という枠があるから、学齢期の障害のある子どもがおしなべて特別支援学校や地元の学校内の特別支援学級で学んでいるというわけではない。本章でみたように、重い障害がありつつ、地域の小・中学校の通常学級で学んでいる子どもたちもいる。実際には、障害が重いほど、通常学級で学ぶ子どもの数は特別支援教育で学ぶ子どもよりも少ないのだが、どこの学校教育の現場に障害のある子どもがいても珍しいことではない。通常学級で学ぶ障害のある子どももいれば、特別支援教育で学ぶ障害のある子どももいる。

　地域の学校、特別支援学校それぞれの意義と課題がある。地域の学校で学ぶ意義については、やはりその子どもが住む地域で学校に通うということである。障害のある子どもが地域の一員として周囲の人々に認知され、その存在が当たり前となるには、幼い頃から「ともに学ぶ」ことが大きな意味をもつ。しかし、個別ニーズの高い障害のある子どもへの教育とケアが、地域の学校でどれだけ果たせるかという課題は残る。その点は、特別支援学校における教員配置や環境整備、障害児教育の専門性が、子どもの学習保障に果たす役割は大きい。ただ、特別支援学校に通うために住み慣れた地域を離れ、寄宿舎生活やスクールバス通学を余儀なくされるなど、学校外の生活に与える影響も大きい。

　現在、障害者権利条約の批准に向けて、インクルーシブ教育のあり方が議論されている。条約には障害を理由として教育制度一般から排除されないことや、障害者が他の者と平等に生活する地域社会において包容（インクルーシブ）され、質の高い教育に向けて個別化された支援措置をとる旨が規定されている。インクルーシブ教育推進の肝は、子ども一人ひとりの多様性を尊重し、個別の教育ニーズを保障しうる体制をいかに整え得るかである。重い障害があるから特別支援学校「しか」道がないという想定を超えて、地域の学校においても、子どもの希望がかなうような仕組みをつくる方向性が求められている。

第10章

ライフステージと看護
―学童期の子どもの「清潔の保持」について―

● 本章のねらい ●

「看護とは何か」と問うと、その答えの中に、「看護師さんが行っていること」が入っている場合が多い。広辞苑で「看護」を確認すると、「傷病者に手当をしたり、その世話をしたりすること。看病」とある。

英語では看護のことを"nursing"といったり、看護することを"care"といったりするが、"nursing"には、世話、保護、配慮などの意味があり、"care"には、心配する、気にかける、関心をもつ、世話をするなどの意味が含まれる。

それらはそもそも母親が子どもを育てていく上での配慮であり、母性愛に基づく機能であった。熱があり、苦しんでいる子どもの苦しみをやわらげてあげたいと思う母親の配慮や手のわざは、看護と深いつながりをもって後世に引き継がれた。人間がこの世に生命を受けたそのときから、母性本能に基づいて出発した看護は、後に家庭において家事をあずかる婦人の仕事に発展し、さらには単なる母性本能による仕事ではなくなり、医学などとの深い関わりの中で発展していった[1]といえる。

創造と進化によって発展し、目的をもって生涯歩み続けている個々の人を対象とする看護の実践を考えるとき、その対象を理解し、その特性をふまえて実施することが重要である。

人間の一生には胎児期、乳児期、幼児期、学童期、青年期、壮年期、老年期というような段階があるが、このような発達にともなってみられる段階をライフステージ（life stage）と呼ぶ。本章では、日常生活における子どもと家族への援助として、概念の形成を発達させる時期である学童期に焦点をあて、その特徴を示しつつ、学童期のライフステージに基づいた看護実践、例として、「清潔の保持」について、清潔の保持に必要な基本的な知識をもとに、学童期の子どもの清潔の保持とその意義について、身体的・心理的・社会的側面から考えてみたい。

1. ライフステージにおける学童期

(1) 形態・機能的側面の発達

　学童期とは、6歳から12歳までの小学校に通学する時期である。子どもが学童期に入ると、子どもを取り巻く重要な社会は家庭から学校へと広がり、友だちや学校の教師といったこれまでとは違う人々との交流を通して社会性をはぐくんでいく。また、属している社会の習慣や文化、期待されている役割についても学び、身につけていく時期である。なお、この時期はさらに3つに分けられ、6歳から8歳を学童前期、9歳から10歳を学童中期、11歳から12歳を学童後期とも呼ぶ。

　学童期は、①形態・機能的にも心理・社会的にも比較的安定した時期であり、子どもは自制心を身につけてくる、②外に向かう傾向があり、学校や同年代の仲間のグループが大切になってくる、③自己についての健全な概念（自己概念）を確立し、自尊心をもちはじめる時期である[2]。

　形態・機能的側面の発達では、身長と体重の平均値はその年により多少の変動があるが、学童期の子どもの平均身長は学童前期の6歳男子で約117cmであり、学童後期の11歳で約145cmになり、小学校時代に30cm近く身長は増加する。女子の場合は、学童前期の6歳で約116cmであり、学童後期の11歳で約147cmになり、男子同様約30cm近く身長は増加する。10歳、11歳では男子より女子の身長が高くなる。また、平均体重は、学童前期の6歳男子で約21kgであり、学童後期の11歳で約38kgになり、17kg前後も増加する。女子の場合は学童前期の6歳で21kgであり、学童後期の11歳で39kgであり、学童後期では男子よりも女子の方が体重が多くなる。

　また、6歳頃から乳歯が抜けはじめ、永久歯が生えはじめる。まず、6歳臼歯と呼ばれている第1大臼歯から生えはじめ、その後は、乳歯が生えはじめた順番に生えかわっていく。同時に、出生後、幼児期を通して形成されていた手の骨はほぼ完成し、呼吸筋の発達や肺組織そのものの成長により、腹式・胸式

表10-1　学童期の子どもの身長と体重の平均（平成23年度）

年齢（歳）	男子 身長（cm）	男子 体重（Kg）	女子 身長（cm）	女子 体重（Kg）
6	116.6	21.3	115.6	20.8
7	122.6	24.0	121.6	23.4
8	128.2	27.0	127.4	26.4
9	133.5	30.3	133.5	29.8
10	138.8	33.8	140.2	34.0
11	145.0	38.0	146.7	38.8

資料：文部科学省「学校保健統計調査」

呼吸から胸式呼吸に変わる。リンパ系組織の発達については、出生後胸腺、脾臓、リンパ節、扁桃腺などのリンパ系の組織は比較的急速に増加し、学童中期の10歳頃には成人の約2倍に達する。その後徐々に減少し、青年期に入って成人と同じになる。乳児期・幼児期を通して発達してきた感覚機能（視覚・聴覚・触覚・嗅覚・味覚）は、学童期には成人と同様の機能を有するに至っている。運動に関する発達では、脂肪の減少にともなって筋組織が発達し、身体に占める比率が増大する。そのため、走る、跳ぶ、投げる、押す、ぶらさがるなどの多様な動作ができるようになる。しかし、骨や筋肉の発達は12歳から14歳までは不十分であり、呼吸・循環機能はまだ成熟していない時期であるといえる。

（2）　心理・社会的側面の発達

学童期は自己に関する健全な概念を発達させる時期であるといわれる。自己概念とは、人それぞれが経験的に把握した自分自身についての形態や意味を組織化したものであり、自分自身について抱く信念や感情の合わさったものである。特に他者の反応を知覚することから、その人の行動や意識に大きな影響をもつ[3]といわれる。

自己概念の形成には、他者、特に重要他者をどのように知覚するか、また、発達課題の獲得状況がどのようになされているかが重要であるといえる。ここ

でいう重要他者とは、「その人にとって最も重要な人物」[4]を意味する。

　ハヴィガースト（Havighurst, R. J.）によると、児童期（6～12歳）の発達課題は、①ふつうの遊戯に必要な身体的技能の学習、②成長する生活体としての自己に対する健全な態度を養う、③友だちと仲良くする、④男子、女子としての社会的役割を学ぶ、⑤読み・書き・計算の基礎的能力を発達させる、⑥日常生活に必要な概念を発達させる、⑦良心・道徳性・価値判断の尺度を発達させる、⑧人格の独立性を発達させる、⑨社会の諸機関や諸集団に対する社会的態度を発達させるであり、その特色は、発達課題が学校と関連しており、子ども同士の間での経験が発達課題の大きな役割をもつのである[5]。

　また、この時期は親への一時的な依存心を放棄しはじめ、親との一時的な同一化が弱くなりだす時期である。学童期の子どもは、自分を子どもとは思っているが、ひとりの個人としてもみてほしいと思っている[6]。

　この児童期の発達課題の達成においては、友だち、仲間との経験が大きな役割を果たす。言語能力も発達し、他者とコミュニケーションをとり、お互いの意見を交換する道具として言語を用いることができるようになる児童期の子どもたちは、独特な仲間集団を形成していく。リーダーを中心にしながら仲間の間で秘密をつくったり、仲間だけにわかる暗号やルールをつくり、集団行動をとるようになる。仲間集団における経験を通して、子どもは「どうすれば仲間の間に、社会的に了解される方法で自分を表すか」「どのようにして、今やっているグループに溶け込むか」といったことを学習する。

　また、いろいろな場面で仲間同士の意見が食い違い、衝突するという体験により、自分とは異なる価値観をもっている人がいることを学んでいく。規則に基づいて絶対的な判断を下すのではなく、動機や状況を考慮して、相手の立場に立ち、相手の観点から判断することができるようになる[7]。

2. 身体の清潔を保つことと清潔感について

　身体を清潔に保つことは、生体にとっての生理的意義の他に、社会生活上の意義及び精神的効果への意義も大きく、健康的な日常生活を営む上で欠くことのできないものである。

（1）　生理的・身体的・社会的意義

　生理的意義としては、全身または身体各部の清潔を保つことによって、汗や垢などの汚れを除去し、皮膚や粘膜を清潔に保ち、その機能を良好に保持することが重要である。皮膚・粘膜の機能としては、身体内部の組織の保護、体温調節機能、尿素・尿酸の排泄、ビタミンDの合成などがある。

　保護作用としては、身体の各組織の繊維や弾力性によって外界からの物理的刺激から内部の組織・器官を保護している。また、皮膚表面は弱酸性に保たれ、細菌侵入や発育を防ぐ役目も果たしている。さらに、表皮・皮下脂肪・体毛は外力に対しての緩衝作用を行う。

　また、体温調節機能はその程度について、神経系で調節されている。熱の喪失として、皮膚の毛細血管の拡張や汗の分泌で、熱を身体から逃すように働く。熱の保持では、皮膚の毛細血管への流入を抑制する。

　尿素・尿酸の排泄については汗に含まれて排泄され、日光の紫外線を受けて、皮膚でビタミンDが合成される。

　皮膚には脂腺・汗腺などの分泌腺があり、脂腺からの分泌物は皮脂と呼ばれ、皮膚や体毛をうるおし、柔軟に保つ役割をもっている。また皮脂には殺菌作用のある化学物質が含まれ、細菌が皮膚から侵入するのを防いでいる。汗腺にはエクリン汗腺とアポクリン汗腺がある。エクリン汗腺は身体中いたるところに存在し、汗を分泌する。アポクリン汗腺は、腋窩や会陰部に多く分布する。このように、汗腺は水分・塩類などの排泄を通して体温の調節にも関与している。また、触覚・圧覚・痛覚・温覚・冷覚などがあり、感覚器としてその刺激

図10-1　皮膚の構造

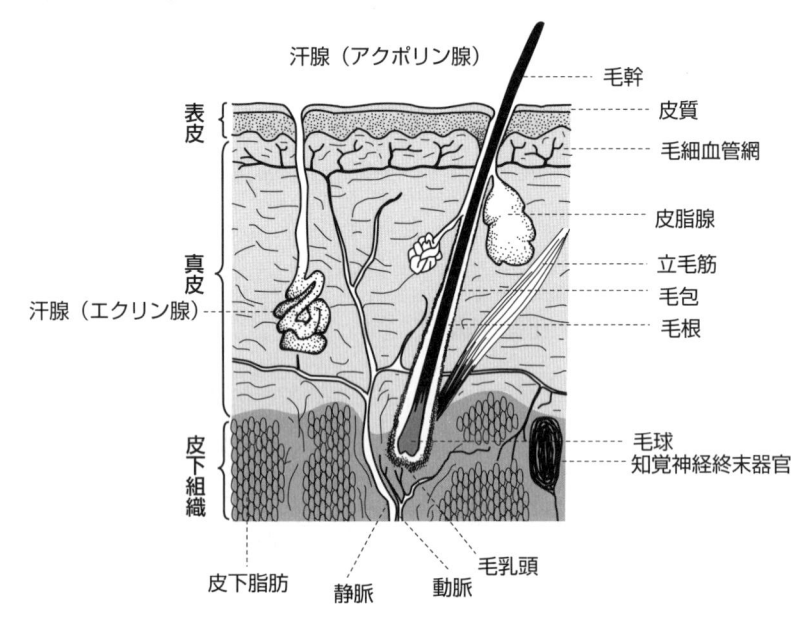

汗腺（アクポリン腺）
毛幹
表皮
皮質
毛細血管網
皮脂腺
真皮
立毛筋
汗腺（エクリン腺）
毛包
毛根
皮下組織
毛球
知覚神経終末器官
皮下脂肪　静脈　動脈　毛乳頭

出典：氏家幸子「第2章　日常生活における援助技術 D．身体の清潔　2．身体清潔に関する基礎知識　B．皮膚の構造と機能」氏家幸子・阿曽洋子・井上智子『基礎看護技術1　第5版』医学書院　2000年　p.279

が脳に伝達される他に、外傷の保護を可能としている。

　皮膚は表皮・真皮・皮下組織の3層に大別され、表皮のもっとも表面の角質層には核がなく、死んで次々と剥げ落ちていく。これはいわゆる垢、またはふけとなる。この角化した細胞や分泌物を取り除くことは、皮膚の新陳代謝を助け、新しい細胞の生成に有効であると同時に、真皮の機能を正確に保持するために大切なことである。

　粘膜は、外界と接する呼吸器、消化器、生殖器などに存在し、その内腔表面を覆っている。粘膜の表面は、粘膜組織そのものの分泌物により潤され、常に湿潤環境にあるが、この湿潤環境が細菌の繁殖を招きやすい。そのため、粘膜の清潔を保つことは感染の予防上、重要である。

　また、清潔は、衛生的な豊かな社会生活を営む上で欠くことができない。自分自身が不潔であると自覚するとボディイメージが低下し、自尊心が傷つくな

ど、心理的にもマイナス要因となる。また、個人の清潔度の印象は、その人の人格とも関連し、他者からの評価も受けるものである。清潔が保持されていれば、自分が周囲に不快感を与えていないという自信と安心から、積極的に人々に関わろうとする意欲を引き出す。さらに、身体を清潔にすることは、文化的背景と関連して宗教的な儀式として存在するものもある。

このようなことから、清潔なることによって精神的な満足が得られることも考えられる。また、爽快感や解放感（リラックス）が得られ、気分転換にもなる。さらに、自分自身の美意識の満足感は、対人関係において安心感を生み出し、社会生活の仲間づくりには重要な要素である。これらの欲求の満足は、生活意欲の亢進、食欲の亢進、睡眠の誘発などの生活全般へと波及される効果も期待される。

（2） 日本人の清潔感覚

清潔感には、気分がさっぱりする、気持ちがよいということが前提とならなければならないが、前述したように、衛生的であるというだけでは、こういう感覚を満たすことは到底できないものである。われわれが清潔と受け取っているものが衛生的な観点以外に、神事、宗教的なものと関係しており、身体のみならず、精神、または魂までも洗い清めるとか、拭うとかいうところからきている。穢（けが）れを取り去り、心身を浄化する方法のひとつに"禊（みそぎ）"があるが、禊は海や川の清い水で身を洗うことであり、水に身を浸すことによって心身ともに洗い清めるという意味をその中に込めている。

日本の入浴の歴史は、奈良時代に遣唐使が沐浴によって心身を清め、すがすがしい気持ちで仏参するという仏教の習俗をもち帰ったことにはじまる。この沐浴の習慣が、禊の習慣とあいまって容易に受け入れられたことは、容易に想像がつく。入浴によって身体を洗い、清潔にすることは、保健衛生上必要であり、また、入浴するとゆったりと気分が落ち着き、爽快感が得られることから、入浴は健康な人にとって最も完全な清潔法とされ、日常生活における入浴の意義は大きいとされている[8]。

3. 清潔を保持するための方法選択の視点

(1) 清潔にすべき身体の部位と不潔な状態との観察点

　大きくは身体の被膜としての皮膚と外界と接する呼吸器、消化器、生殖器などに存在し、その内腔表面を覆っている粘膜の2つに分けられる。

　構造上、表面は角化せず、その表面からねばねばした粘液を分泌する。粘液は発熱・炎症時には分泌量が増加しやすい。粘膜は皮膚よりも外界の刺激を多く受けるため、摩擦や温熱刺激により損傷を起こしやすい。健康な粘膜には分泌された粘液による自浄作用がある。

図10-2　身体各部位と汚れの原因

〈皮膚とその付属器〉
- 毛……ふけ、汗
- 爪……伸び過ぎ
- 表皮……角質落層
- 汗腺……汗
- 皮脂腺……皮脂

〈身体開口部〉
- 眼……眼脂
- 耳……耳垢
- 鼻……鼻粘液
- 口腔……唾液、痰、食物残渣
- 乳頭……乳汁
- 尿道口……尿
- 膣口……経血、帯下
- 肛門……便

〈皮膚の構造〉
表皮／真皮／エクリン汗腺／皮下組織／皮脂腺／層板小体

――身体各部位と汚れの原因――

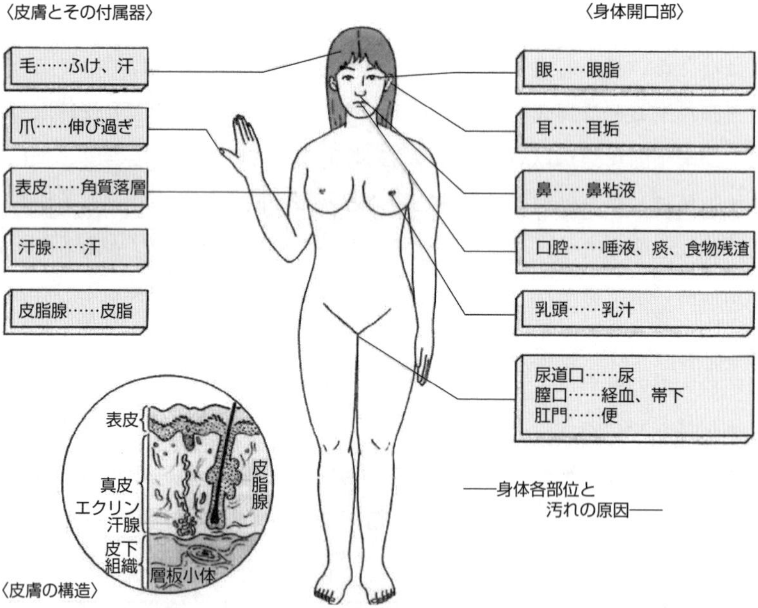

出典：日野原重明総監修　大河原千鶴子他編『ナーシングマニュアル15　基礎看護技術マニュアル（Ⅱ）』学習研究社　1994年　p.191

眼はほこりなどの角膜刺激や精神的興奮などで涙腺から「涙」を分泌する。この涙は角膜の表面を覆い、乾燥を防ぎ保護する。眼瞼および眼頭、眼尻に皮脂の付着をみることがある。

耳には音を鼓膜まで伝える外耳があり、外耳は耳介と外耳道からなる。外耳道に耳垢がたまる、あるいは異物が侵入したりすると、外耳炎になったり、聴覚の妨げになることがある。

鼻は、空気が鼻腔を通る間に空気が温められ、さらに、粘膜で再生される粘液によって加湿される。また、外界から入ってきた細菌や粉塵は粘液に付着して体内に入らないようになっている。鼻粘膜の細胞はその線毛で細菌や粉塵を付着した粘液を鼻腔の後方に押し流しているが、線毛細胞の働きが鈍ると、粘液は鼻腔にたまり、鼻水として出てくる。

口腔内では、唾液腺からの唾液の分泌が起こり、食塊を滑らかにし、咀嚼や嚥下をしやすくするとともに、粘液の抗菌作用により口腔を浄化する。歯は食物を咀嚼し、咀嚼は食物の消化吸収を助けている。咀嚼による食物残渣の付着や細菌の働きにより、う歯や歯肉炎を起こす。

乳頭は乳腺が開口し、授乳期には乳汁を分泌する。尿道口は尿の排泄経路であり、その周囲に尿が付着すると、湿潤し、汚染されやすい。膣口は子宮頸部からの粘液で滑らかにされており、月経時には分泌物がそこを通って排泄される。肛門は便の排泄経路であり、その周囲は便や大腸菌が付着し、汚染やかぶれを起こしやすい。

（2） 年齢による皮膚の状態

皮膚は、身体諸器官の老化とともに機能低下をしていく。年齢とともに変化していく皮膚の状態を理解し、援助を行う際には、皮膚の状態に見合った適切な方法を選択する必要がある。

幼児から学童期の場合、皮膚は非常に繊細で機械的刺激により傷つけられやすい。感染に対する抵抗力が弱く、新陳代謝が盛んで、発汗量や皮脂などの分泌物が多い。また、外遊びが増えるため、皮膚や頭髪が汚れやすい。

思春期から成人期は、皮脂腺からの分泌物（吹き出物）が多いが、皮膚の健康を比較的保ちやすい。女性は第二次性徴による月経の発来があり、月経中は膣分泌物（経血）によって臭気が発生しやすい。

　老年期は、表皮・真皮が薄くなり、下部の血管が見える場合がある。皮脂腺や汗腺の機能が低下するため、体温調節、異物侵入の妨害、体の保護といった皮膚の機能が低下する。それにともない、乾燥（カサカサ）し、光沢を失う。皮膚は委縮し、皮下脂肪も減少する。毛細血管が拡張・蛇行し、血管壁の肥厚、血流による老廃物の運搬・除去の効率が低下する。メラニン色素の沈着が起こり、皮膚にしみや色素斑がみられるようになる。毛髪は薄くなったり、白髪がみられるようになり、手足の爪の肥厚がみられるようになる。また、歯の脱落、口腔粘膜や唾液腺の委縮による咀嚼力の低下がみられるようになり、皮膚感覚の変化として感覚受容器の委縮・消失がみられるようになる。

表10-2　年齢による皮膚の状態

幼児から学童期	思春期から成人期	加齢による変化
・非常に繊細で機械的刺激により傷つけられやすい ・感染に対する抵抗力が弱い ・新陳代謝が盛んで、発汗量や分泌物が多い ・皮膚や頭髪が汚れやすい	・皮脂腺からの分泌物が多い ・皮膚の健康を保ちやすい ・女性は第2次性徴による月経の初来があり、臭気が生じやすい	・体温調節、異物侵入の妨害、体の保護といった皮膚の機能が低下する ・皮膚が委縮し、皮下脂肪が減少する ・毛細血管が拡張・蛇行、血管壁の肥厚、血流による老廃物の運搬・除去の効率が低下し、メラニン色素の沈着が起こる ・毛髪に脱毛や白髪がみられる ・手足の爪が肥厚し、もろくなる ・感覚受容器の委縮・消失がみられる

出典：大河原千鶴子・河合千恵子・金井和子編『ナーシングマニュアル15　基礎看護技術マニュアルⅡ』学習研究社　1994年　p.193より抜粋・一部改変

4. 皮膚症状の種類や状態

　皮膚の状態や症状として、主に、「乾燥」「湿潤」「発汗」「浮腫」「発赤」「腫脹」などがあげられる。

　「乾燥」は、皮脂の分泌が減少しており、滑らかさ、柔らかさが保てない。皮膚が乾燥しているときには、傷つきやすく、感染しやすい状態である。

　「湿潤」は、不快であり、細菌の繁殖を起こしやすい。皮膚の生理機能を良好に保ちにくく、傷つきやすく、感染しやすい。

　「発汗」は、体温調節がしにくくなり、多量の発汗は脱水症を起こしやすい状態である。

　「浮腫」は、皮膚が伸展し、傷つきやすく、循環不全を起こしやすい。酸素

表10-3　皮膚の状態や症状

状態	症　状
乾燥	・皮脂の分泌が減少しているため、滑らかさ、柔らかさが保てない ・傷つきやすく、感染しやすい
湿潤	・不快であり、細菌の繁殖を起こしやすい ・皮膚の生理機能を良好に保ちにくい ・傷つきやすく、感染しやすい
発汗	・寝具・寝衣が湿潤し、体温調節しにくくなる ・皮膚汚染をきたす
浮腫	・皮膚が伸展する ・傷つきやすく、感染しやすい循環不全を起こしやすい ・酸素と栄養の供給が円滑になされないので、感染を起こしやすい
発赤	・長時間同一部位圧迫の症状としてみられる ・感染を起こしたときの症状としてみられる ・傷つきやすい
腫脹	・感染を起こしたときの症状としてみられる ・傷つきやすい ・ときに痛みをともなう

出典：日野原重明総監修　大河原千鶴子他編『ナーシング・マニュアル15基礎看護技術マニュアルⅡ』学習研究社　1994年　p.194より抜粋・一部改変

と栄養の供給が円滑に行われないため、感染を起こしやすい状態である。
　「発赤」は、長時間の同一部位の圧迫の症状としてや、感染を起こしたときの症状としてもみられる。発赤部位は傷つきやすい。
　「腫脹」は、感染を起こしたときの症状である。傷つきやすく、ときに痛みをともなう。

5．清潔にするための方法と特徴

（1）　清潔にするための方法

　清潔にするための方法として、「入浴する」「洗う」「拭く」があげられる。
　「入浴する」の主な特徴は、湯につかることによる温熱刺激の影響が大きい。温熱による表面皮膚温の上昇が、皮膚血管の拡張と血流増加を引き起こし、温められた血液は心臓に還流された後、再び大循環に入って体内各組織に送り込まれる。この間に熱エネルギーを放散するために全身の体内が温められることとなる。
　水面下に沈んだ体は、水の重力による圧力を受けるが、この圧力を静水圧という。この静水圧により、胸囲・腹囲が減少し、下半身の静脈やリンパ管を圧迫する結果、血液は心臓の方に押し上げられ、右心房の循環還流が増加し、肺動脈圧が上昇し、血圧の上昇、心拍出量が増加する[9]。
　入浴はエネルギー消費が大きいため疲労しやすい。しかし、汚れが落ちやすい、爽快感が得られる、リラックスできる、鎮痛効果が得られるなどの効果がみられる。
　「洗う」は、温熱刺激のある時間が短いまたは間欠的であるが、洗浄剤を使用できる。洗浄剤には界面活性成分が含まれているため、皮脂やほこりのような汚れを包み込んで皮膚から剥す効果をもつ。汚れを落としやすくするためには、石けんを十分に泡だてておく必要があり、これをすすぐことによって汚れが皮膚から除去される。

表10-4　清潔にするための方法と特徴

浴	洗	拭
・湯につかることにより全身の体内が温められる 　　循環の促進 　　血管の拡張（一時収縮） 　　血流の増加 ・水圧による循環器への影響がある ・エネルギー消費が大きい ・疲労しやすい ・汚れが落ちやすい ・爽快感が得られやすい ・リラックスできる ・鎮痛効果が得られる	・汚れが落ちる ・洗浄剤を使用でき、十分に洗い流せる ・温熱刺激のある時間が短いまたは間欠的 ・爽快感が得られる ・方法により摩擦が生じる	・汚れを十分に落とせない場合がある ・摩擦が生じる ・マッサージ効果を利用できる ・温熱刺激の影響は比較的小さい ・エネルギー消費が少ない ・爽快感がやや得にくい

出典：高橋綾「患者の清潔を助ける技術―清潔―」『ナーシングカレッジ』第6巻7号　医学芸術社　2002年　p.110より抜粋・一部改変

「拭く」は、温熱刺激の影響が比較的小さく、エネルギー消費量も少なく、ほとんど生理的負担をともなわない援助である。手技の手際や熟達度によって汚れを十分に落とせない場合があり、爽快感がやや得られにくいが、血管が拡張し、血液循環が促されるというマッサージ効果が期待される。

（2）　全身を清潔にする―入浴の援助

　子どもにとっての清潔の目的は、①皮膚の清潔を保つ、②皮膚の性状など、全身状態を観察する、③新陳代謝を促進させる、④清潔にすることで子どもに爽快感を与え、清潔を保つ習慣を身につけさせる、があげられる。子どもの年齢や発達段階、病気である場合には病状に応じて清潔の方法を選択し、工夫していくことが求められる[10]。
　前述したように、学童期の心理社会的側面の発達では、日常生活に必要な概念を発達させたり、人格の独立性を発達させたり、社会の諸集団に対する社会的態度を発達させる時期である。入浴が爽快感や解放感（リラックス）をもた

らすことを実感として捉えられることのほかに、個人の清潔度の印象は、接する他者の評価の対象となることから、他者の反応を知覚しはじめる学童期においては、その学童期の子どもの行動や意識に大きな影響をもたらし、人格の形成にも大きく関連するといえる。入浴は3歳ごろからタオルを用いて身体を洗う動作がみられるようになる。そのため、学童期は6歳から12歳までと幅が広く、一概に述べることはできないが、子どもの発達段階をふまえ、可能な範囲で自分ひとりでできるところは行わせ、できない部分を介助して清潔習慣を身につけさせるとよい。

　入浴時の留意点としては、まずは環境を整えることが重要である。環境温と湯温の差が大きいと皮膚温、皮膚血流量、血圧の変動が大きくなり、入浴による人体への影響が大きくなるため、脱衣室と浴室は室温26〜28℃に暖めておくのが望ましい。お湯の温度は生体に負担がかかりにくい37〜41℃とし、健康レベルや入浴目的に合わせて調整する。洗い方としては、不潔になりやすく、洗いにくい部分、頸部、腋窩、殿部（おしりの部分）、陰部（男女の外部生殖器）、手足の先は注意して洗うようにし、自分で洗える子どもには意識を向けて洗うように促す。全身を洗い終わったら浴槽に入るようにし、温まることによってリラックスするように促す。

　他には、静水圧のため、腹囲が減少し、腹部圧迫および横隔膜の拳上により消化機能に影響を及ぼすこと、温熱刺激は自律神経に影響を及ぼすため、高温湯で交感神経優位になると消化運動が抑制されることから、食後1時間は経過している状態での入浴が望ましい。さらに、温熱作用により、発汗や不感蒸泄が増えるため、水分補給を心がける必要がある。入浴後は体温の急激な低下を避けるため、水分を十分に拭き取るようにする。特に冬は気温が低いため、保温には十分に気をつける必要がある。また、入浴後は皮脂膜が減少し、皮膚が乾燥しやすくなるため、必要に応じて保湿クリームでスキンケアを行うのが望ましい。

　また、入浴して洗髪を行うことも多い。洗髪を行う際にはマッサージ効果により、頭皮の血流を増加させ、新陳代謝の促進を図る。爪などによって頭皮を傷つけると、常在菌が侵入して二次感染を引き起こす可能性が生じるため、指

腹を用いて一定の力で行う。使用する湯温の温度は38〜41℃とし、子どもの好みに合わせて行う。

　洗髪終了後は速やかに毛髪を乾かし、タオルで水分を拭き取った後、ドライヤーで乾燥させる。毛髪に水分が付着していると気化熱が生じて対象が寒気をもよおし、エネルギー消費量が増加する。

　最後に、入浴は心身の観察を行い、コミュニケーションを図る場でもある。特に学童期にある子どもの場合、日常生活の中で自然な形で子どもの全身を観察する機会は他にないといってよいであろう。特に、皮膚の異常の有無や異常がある場合の自覚症状の確認、皮膚の変化、欠損、分泌物の有無などを確認す

表10−5　入浴の援助と留意事項

入浴の援助の流れ	留意事項
1.　準備	
①必要物品を整える。 ②環境を整える。	・脱衣室と浴室は室温26〜28℃に暖めておく。 ・湯の温度は37〜41℃の範囲とする。
2.　実施	
①自分で洗える子には自分で洗うように促し、洗いにくい部分は注意して洗うようにする。 ②全身を洗い終わったら、浴槽に入るようにする。 ③入浴時に洗髪を行うこともある。	・頸部、腋窩、殿部、陰部、手足の先は洗いにくく、不潔になりやすいので、特に注意して洗うようにする。 ・洗浄剤は十分に泡立てて使用する。 ・全身温まるようにする。 ・食後1時間は経過している状態で入浴する。 ・洗髪は指腹を用いて一定の力で行う。 ・皮膚や頭皮、それ以外の身体や心の観察を行う。 ・コミュニケーションを図る場とする。
3.　実施後	
①バスタオルで全身を拭き、衣類を着せる。 ②洗髪後はタオルで水分を拭き取った後、ドライヤーで乾かす。	・全身の水分を十分に拭き取るようにする。 ・必要に応じて保湿クリームやスキンケアを行う。

筆者作成

る機会になる。その際、皮膚は色に変化がなく適度に湿潤し、弾力性があること、皮膚に損傷や発疹などがないこと、また、入浴前には爪はピンク色で滑らかであることが正常なサインとして確認できることが望ましい。

観察という点では、洗髪を行う際にも同様である。頭皮に創傷はないか、落屑（表皮の角質層が大小の角質片となって剥げ落ちたもの）はないか、悪臭やべたつき、汚れの程度や範囲を確認する。悪臭や汚れがひどい場合には、複数回シャンプーを使用して汚れを十分に落とすようにする。

6. おわりに

学童期にある子どもの清潔の保持について、清潔の保持に必要な基本的な知識をもとに、看護の視点から、「入浴」の援助を幅広く捉えることを試みた。入浴の援助といっても入浴時の直接的な援助だけではなく、学童期の発達段階をふまえ、学童期の子どもが人格の形成を発達させる時期であることを意識した関わりと援助の視点を盛り込んだ。これらの知識を得ておくことは、たとえば、学童期にある子どもの、入浴に関する親への援助のあり方や留意点に関する助言や指導を行う際にも、役立つ内容であると思われる。また、子どもの「入浴」という日常生活行動への援助は、子どもに疾患がある場合にも、ない場合にも必要な援助である。看護が人間の健康に関して、人間と人間の生活を全体的に捉えて対象に関わる活動であるならば、母親という家族の立場からも、また、看護師のような専門職の立場からも必要な活動であるといえる。さらに、看護の対象が個人、集団、コミュニティのいずれのレベルにも存在すると考えると、学童期以外のライフステージの各段階においても、発達段階をふまえた関わりや援助は必要であるといえる。

人間が生を受けたときから死まで成長・発達し続ける存在であるため、今、現在ライフステージのどの段階にいるのかだけではなく、これから進む次の段階や、これまで経てきた段階を強く意識した関わりや援助が必要な場合が多々あると思われる。ライフステージの各段階はつながっているため、これから進

んでいく先を見据えて、またこれまで通ってきた道のりを振り返りながら、今どうあるべきかを判断し、行動することが重要である。

学童期の子どもの清潔の保持、その中でも「入浴」への援助をそこまで広げて理解していただけると大変うれしい。

【引用文献】
1) 沢禮子編『標準看護学講座12　基礎看護学1　看護学概論』金原出版　1991年　pp. 4-5
2) Phipps, W. J. Long, B.C. et al *Medical Surgical Nursing-Concept and Clinical Practice* The C. V. Mosby Company, St. Louis 1979. (高橋シュン監訳『新臨床看護学体系 臨床看護学』医学書院　1983年　p. 288)
3) 梶田叡一「自己概念」第3巻　細谷俊夫他編『新教育学大事典』第一法規出版　1999年　p. 401
4) Andrews, H. A. Sister, C. Roy *Essentials of the Roy Adptation Model* Appleton & Lange. 1986. (松木光子監訳『ロイ適応看護論入門』医学書院　1992年　p. 50)
5) Havighurst, R. J. *Human Development and Education* Longmans, Green & Co., INC. 1953. (荘司雅子監訳『人間の発達課題と教育』玉川大学出版部　1995年　pp. 46-59)
6) 伊ը久美「Ⅰ. 日常生活における子どもと家族への援助　コミュニケーション」筒井真優美監修『パーフェクト臨床実習ガイドライフステージに沿った看護技術と看護の展開　小児看護実習ガイド』照林社　2007年　pp. 2-7
7) 山謐智子監修　中野綾美編著『明解看護学双書4　小児看護学』第2版　金芳堂　2005年　p. 122
8) 川出富貴子他「清潔の文化人類学的考察—その原点を探る—」『三重看護短期大学紀要』第3巻　1982年　pp. 67-116
9) 岡田淳子「清潔ケアのエビデンス—入浴・清拭—」深井喜代子監修『ケア技術のエビデンス』へるす出版　2006年　pp. 65-76
10) 中村由美子「Ⅰ. 日常生活における子どもと家族への援助　清潔」筒井真優美監修『パーフェクト臨床実習ガイド　ライフステージに沿った看護技術と看護の展開　小児看護実習ガイド』照林社　2007年　pp. 35-42

【参考文献】
・Marieb, E. N. *Essentials of Human Anatomy & Physiology* The Benjamin / Cummings Publishing Company, Inc. 1994. (林正健二他訳『人体の構造と機能』医学書院　1997年)
・佐藤昭夫・佐伯由香編『人体の構造と機能』医歯薬出版　2003年
・坂井建雄他『系統看護学講座　専門基礎1　人体の構造と機能〔1〕解剖生理学』医学書院　2005年

コラム 身体的・心理的・社会的側面の統合体としての人間と看護

　私たちが人間を理解しようとするとき、人間を生きものとして捉える生物学的な視点、人間の器官・細胞などの構造や機能から捉えようとする解剖生理学的視点、人間の心の動きや行動から捉えようとする心理学的な視点、人間の社会における位置づけや役割などから捉えようとする社会学的な視点があげられる。人間の身体的（生物学的・解剖生理学的）・心理学的・社会学的側面から捉えようとするとき、それらは一側面ごとに独立して存在するのではなく、それぞれが関連しあって存在している。

　たとえば、学童期の子どもにとって、重要他者（自分の人生で報酬や罪を与える人たち）である友人から、「お前は○○だ」と言われ、その子どもが言われたことをそのまま受けとめて自分自身をそう思うようになったり、自分は劣っているという評価が劣等感に結びついたりした場合には、その影響力の大きさから、眠れない、食欲がないといったことが起こることがある。これは、学童期という時期が、重要他者の影響を大きく受ける時期であり、自己概念の確立に大きく影響を及ぼすことを示している。

　人間をより理解するために、人間を身体的・心理的・社会的側面の統合体とし、人間が発達し続ける存在であるという観点から人間を捉えようとすることは重要である。統合体である人間が健康なときも、また、たとえ病気のときであっても、生涯をよりその人らしく生きていくことができるようにすることが看護である。常に対象者のそばにいて、自分の目で見、話をし、五感を通して理解を深めながら必要な援助をし、苦しみ、悲しみ、喜びを分かちあうという、ともに歩むプロセスそのものが看護独自の役割である。このプロセスを通して生まれた対象者との信頼関係は、相互作用を促し、その相互作用の中で対象者のニードが満たされていく。こうした対象者との相互作用によって真の意味での援助を経験することができ、その経験が、すでに学んだ知識や技術によって科学的に裏づけされ、次の援助へと発展することができるのである。

　このたびの執筆が、身体的・心理的・社会的側面の統合体として人間を発達という観点から理解し、日常生活への援助につなげて考える一助となることを望みたい。

終章

本書の結びにかえて

1．子どもたちの暮らしの背景

　2011年3月11日に発生した東日本大震災は、多くの犠牲をともなって、私たちに今の暮らしを振り返る機会をもたらした。

　巨大地震とともに東日本各地、特に東北3県を襲った津波は、人々の暮らしや命を一挙に飲み込んでいった。かつてそこには、商いを営む人々の仕事があったり、お互いを思いあう家族の暮らしがあったり、煮炊きの香りや、さまざまな暮らしの音があふれていた。しかし、震災後その被災地に立つと、根こそぎ土台から流された家々の後には、ただただ風が吹き人の気配はない。ときが経てば、たくましい草木は芽吹き、人の踏み入れないそこここに緑は育っていく。けれども、月日が流れても失われた命は戻らず、失われた暮らしの再生もままならない。

　一方、東北3県以外でも、関東地方を中心にライフラインの遮断は人々から交通の手段だけでなく、通信の手段も奪い、予期せぬ孤立状態を招いた。折から当日は、3月の寒の戻りの厳しい夜で、人々は凍てつく外気に手足の感覚を失いながら、日ごろなら電車で通り過ぎるだけの街を、前の人の足元を頼りに帰路をたどった。あるいは、帰宅難民となり避難所で、毛布1枚にくるまり、不安な一夜を明かした人も少なくない。

　「いつもそばにいる」「会おうと思えば会える」、あるいは話そうと思えば「繋（つな）がることができる」。さまざまな通信・交通手段が開発された現代社会では、ある日突然家族と音信不通になるなど、まさに"想定外"の出来事に脆（もろ）いライ

フスタイルが志向されてきた。社会より、家庭、家庭より個人。人と関わるわずらわしさを避け、家族でさえ相互に個人化したライフスタイルを選択してきたといえる。それがある日突然、「繋がりたいのに、繋がれない」「会いたいのに会えない」状態に陥った途端、多くの日本人が家族の絆を希求するようになった。

　個人化した従来の暮らし、それは、電力に依存した暮らし方であり、さらに、家族や家庭、地域の絆の大切さをも見失いつつあった、危うい暮らし方でもある。そのような暮らしの中で、果たして私たちはどのように子どもたちを護り、はぐくんできたのだろう。

　ITの発展や都市構造の変化、特に住宅の構造的な側面に起因する核家族化・個人化によって同居家族でさえ、互いに顔を合わせず暮らすようなライフスタイルがみられるようになった。そして、閉じられた空間での子どもの虐待や、子育て家族の無縁化などが社会問題として認識されるようになってきた。

　折しも、少子高齢社会にもかかわらず、児童虐待の通報件数は増加の一途をたどり[*1]、多くの児童相談所の一時保護所は保護された子どもたちが定員を超過し、児童養護施設は増設が続いている。さまざまな政策提言をして新たな命を"産めよ増やせよ"と国が声高にスローガンを流布するにもかかわらず、せっかく授かった命が失われたり、深く傷ついたりする厳しい現実がそこにある。

　「命はどこから来て、どこに行く（帰る）のか？」。人類がずっと抱き続け、探求してきた命題でもあろう。人は、それぞれ信仰や科学に依拠した答えを見つけようとしたり、あまりに大きすぎる命題にその日を刹那に生きたりしてきた。その到達点、融合点が昨今の私たちの暮らしであったともいえよう。子どもを授かることは、そのどこからかやってきた命を"預かる"ことなのであろう。実親はその肉体を通して預かった命を現実世界に産み出すが、子どもの命はその子どもが生まれ出たその社会に預けられたのであって、親だけでなく、その社会の大人は、かけがえのない賜物を預かることを自覚すべきであろう。

[*1] 「社会保障審議会児童部会児童虐待等要保護事例の検証に関する専門員会資料」平成24年7月によれば、平成23年度に全国の児童相談所が対応した件数は約6万件で過去最多となっている。

「失ってみてわかること」。それは人生のさまざまな場面で体験することであるが、東日本大震災で多くの犠牲を払って、私たちは目をそらしていたかもしれない現実に強い意志をもって向かい合わねばならないこととなった。それは残念ながら、現代社会において子どもやその子どもをはぐくむ家族や家庭への関心が十分払われていない結果、そこここの社会で取り返しのつかない喪失、つまりは、子どもへの虐待が発生しているということである。今までも気がついていないわけではなかった、気にならないわけではなかった。しかし、大切な命や家族を奪われること、失うことをどこか他人事としていた社会があったのではないだろうか。

コミュニケーションが非対面化し、家や個室にこもっても、ある程度の情報や暮らしの方途を獲得することが可能な生活は、わずらわしい対面型の家族関係やご近所つき合いから、自分たちを解放してくれたと思っていた。しかし、災害が起こり、自分たちの暮らしとよく似た日常が奪われていく光景に、そして、その中で幼い子どもたちの命や大切な家族が失われてみてはじめて、繋がらない社会の脆さや危うさを実感することとなったといえよう。

そして今、そこかしこで"絆"（きずな・きづな）を結ぶこと、結びなおすこと、あるいは、見つけることが希求されている。この時代にあって、私たち子どもの傍らにあろうとする専門職はこの現状をどのように捉え、子どもたちをどのように護りはぐくみ、家族とともに愛おしみ、彼／彼女らとともに未来社会を創造していけばよいのであろうか。子どもに関わる専門職は、従来のような自分自身の専門だけでなく、子どもたちの育つ社会との関わりの中でそれぞれの専門性に依拠して考えるべきこと、行動すべきこと、私たち専門職同士が繋がること、そして、その言動を通じて子どもたちに伝えるべきこと、ともに歩むことを考えていく在り方が求められている。

2. 今、考えるべき子どもたちのウェルビーイングとは

　一人ひとりの子どもたちは、当然のことながらかけがえのない存在であり、その子らしい自己実現をめざすにあたって、周囲の大人、そして子どもに関わる専門職による、より丁寧な関わりを提供されるべき存在である。わが国ではそれを"権利"と表現するが[*2]、英語の「rihgt」がもつのは"正しい"という意味であり、"妥当な主張"とも理解すべきであろう。しかし、よく子どもたちは育ちゆく存在、発達過程にある存在であることから、「自分のことを自分で判断したり、主張したりするのは難しい」と評され、彼／彼女ら自身が"妥当"な主張をするとは理解されにくい存在でもある。

　一方で、わが国も1994（平成6）年に批准した児童の権利条約においては、子どもの能動的な権利、中でも意見表明権が強調され、批准後わが国の児童福祉にもさまざまな面で影響を及ぼし、社会福祉士の養成課程などで、「児童福祉論」が「児童・家庭支援」と呼称が変わることとなった。しかし、実際には一般社会だけでなく、子ども家庭福祉の現場であっても、子どもたちの主体性を尊重することの必要性の理解は十分ではなく、そこここに権利侵害の端緒が見え隠れする実情がある。

　そして、それがより一層深刻であると思われるのは、子どもに関わる専門職が陥る不適切な関わりの多くが、"権利侵害"と認識されず、むしろ「子どものため」という信念にも似た強い思いによって実践されていることが散見されることである。多くの場合、"躾"という表現のもと、愛情を言い訳とする"体罰"が用いられる。こうした"体罰"にまでは至らずとも、言葉の暴力による心理的な虐待やネグレクトは、一般家庭によらずそこここの教育や専門的支援にさえ散見されることは痛恨の事態といえる。

　本書においてこれまで述べてきたように、子ども自身やその育ちは、彼／彼

[*2] 渡辺洋三によれば、福沢諭吉が『学問のすすめ』において、英文の「right」を「権利通義」と訳し、通称「権利」と表現したのがはじまりとされる[1]。

女らの基本的な生活の要求が充足されながら、"生きる""生活する"、さらには"幸せに暮らす"ことができるように、さまざまな専門職の支援はもとより、本来、家族や地域社会の見守りの中でもその"最善の利益"が保証されてはぐくまれるべきである。いわゆる安全・安心な環境において、必要かつ適切・十分な大人たちの関わりによって、彼／彼女らのウェルビーイングの実現がめざされるべきである。

このウェルビーイング、つまり、子どもたちのその子らしい自己実現をめざすために、われわれ大人はどのように思考し、行動すべきなのであろうか。それは、これまで本書の各章で述べ伝えてきた、さまざまな専門領域からの示唆や問題意識を踏まえた上での、現状の課題の理解をもとに思考され、未来に向けてめざされるべきことであろう。

3. 子どもたちを主体にした社会を築く大人の責任

子ども主体の"子どもらしさ"は、子どもたち自身にとっては極めて自然なもので、周囲の大人が、恣意的な関わりをしなければ、かれらは雑木林にお城を築き、泥の中にあらゆるクリエーションの可能性を発揮していく。しかしそこに、「危ない」「汚れる」「不潔」と大人たちの事なかれの介入がはじまることで、あたかも無限であったかのような"子どもらしい"空間は雲散霧消し、現実に引き戻された不機嫌そうな子どもがそこに残される。

"子どもが主体的に子どもらしくあること"、それは、周囲の大人が適度の距離をとって、子どもたちの安全・安心を見守りながら、その冒険世界を共有していくことによって可能となるのであろう。そして、その安全・安心を守り、子どもたちの精神世界がより自由であるためには、大人は極めてリアルな法・制度を活用しながら子どもたちの、その"最善の利益"を守ることに誠実であることが求められる。

子どもの心情を理解するとき、私たちは自分たちが子どもだったころの原体験を記憶の引き出しから取り出して、その拠り所とすることがある。確かに、

"サンタクロースは本当にいるのか？"といった、夢と現実の折り合いのように、多くの子どもが類似した体験をすることもあり、共感的理解の一助となるかもしれない。
　しかし、子ども時代は0歳から18あるいは20歳までの長きにわたり、その子どもたちが交互作用を体験する環境も時代により異なる。したがって厳密には、私たちが子どものころ体験したことと、現代社会の子どもたちが体験していること、あるいはそこに生じている交互作用は必ずしも類似した体験とはいえないのだろう。子ども一人ひとりを偏りなく理解するためには、感性だけを頼らず、自分に内在する"子どもらしさ"を一つのバリエーションとしつつも、科学的根拠、学問的示唆に依拠して、"現代(いま)"を生きる子どもたちを理解しようとする姿勢と視点が不可欠といえる。
　幼いころ、母の茶箪笥の引き出しから母子健康手帳と臍(へそ)の緒を見つけたことがある。あまりに幼いときは、それが何かはわからず、臍の緒はただ奇妙だった。年齢を重ね、少しずつその意味がわかるようになると、それは筆者自身にとっても貴重な自分史であり、手帳のさまざまな記述は、母の愛情の記録でもあった。
　子どもたちの中で、どの程度の子どもたちが、この母子健康手帳によって、生まれる前から自身の健康が親や社会によって、そして母体とともに守られていたかを知っているのだろうか。近年話題になる、妊婦を乗せた救急車のたらい回しは、実はこの母子健康手帳をもたない、つまり、臨月までかかりつけ医のいない妊婦が、産む場所を確保できず救急車を頼らざるを得ない結果生じた事態でもある。むろんその背景には、医療機関における産科、小児科の不足がないわけではない。
　親の意識と社会の医療資源の偏りが、実は子どもたちの命や健康を脅かしているともいえよう。医療機関の充実を一挙に図ることは難しいものと思われるが、せめて、母子健康手帳の交付を受け、かかりつけ医の助言や予防的ケアによって、より安全・安心に出産のときを迎えることができるよう働きかけたいものである。筆者が偶然母の思いにふれたように、今一度、母子健康手帳が本来の機能を果たすことができるように、その意味と意義を子どものころから知

る機会が望まれよう。

　また、子どもたちには、この世に生を受けた後、大人に守られつつも子どもたちだけの社会をもち、そこでもさまざまな体験をして育ちあっていく。子どもたちは生来、幼ければ幼いほど自分の要求に素直であり、自分の要求が達成されたり、より大事に守られたりする環境を志向する。同時に彼／彼女らは、少し我慢したり、少し譲ったりして大事な仲間や家族の"役に立つ"、あるいは"助ける"ことにさえ力を発揮したりする。当然のことながら、ときにそれは十分な方法や工夫が足りず、失敗に終わることもあるが、私たち大人は、ときにそのストレングスに目をみはることがある。

　子どもの可能性は無限大であり、それは子ども同士、そして子どもと大人の学び合いによって現実味を帯び、一見縮小したように見えながら具体性をもって社会に実現しうる将来像に具現化される。かつて私たち大人も子どもであった。そしてそのとき、自分の中にあったさまざまな可能性を呼び起こし、子どもの眼差しや行動に学びながら、再度搔(か)き立てることも人生を豊かにしてくれることかもしれない。

　子どもたちがさまざまな交互作用をする環境として、自然も不可欠な存在といえよう。幼い子どもたちはもちろん、思春期や青年前期に差しかかった子どもたちが、自然の中にあることで、非言語世界の刺激にさまざまな感性を触発されるだけでなく、物言わぬ自然だからこそ、その自然の厳しさや豊かさと対峙(たいじ)することで、簡単に読み解けない自分自身の内的世界の混沌(こんとん)を整理するきっかけや勇気をエンパワーできるのかもしれない。

　また、ありのままの自然が提供してくれるさまざまな道具や材料に気づき、工夫してその場で"生きる"ことが、子どもたちに内在するストレングスを"活かす"ことにもなろう。現代社会はさまざまな心理的ストレスの過重に苦しむあまり、「安全」を志向しすぎて子どもたちからさまざまな体験の機会を取り上げてしまっているのかもしれない。整えられた便利な道具や、理路整然としたマニュアルによる進行は早くかつ安全かもしれないが、誰がやっても同じような結果しか導かない。その"同じ"であることの安心感と"違う"ことへの抵抗感や不安が、過度の同質性や同調性への調和を要求し、ときに大人をも巻

き込む"いじめ"にもつながっているのかもしれない。

　そのようなストレス社会で、子どもたちの心身の健康をその子の体質や発達に応じて守り育てていくためには、教育や療育における心身のケアが不可欠であろう。学校での体育など運動の機会は子どもたちの体が健やかに育つだけでなく、集団で多様なルールを体験しながら体を動かしていくことで、体感的に社会生活や共生の感覚や方法を学んでいく機会でもある。

　既述したように、家の構造が暮らし方を個室化・個人化し、家族であっても個別のルールやスケジュールで行動する傾向にある現代においては、学校での学びの場でルールを体験することは、ソーシャルスキルの取得の機会でもある。あえて意図を明確化しないで、多種多用なスポーツを経験し、種目ごとにルールが変わり、勝敗を競いつつも勝敗だけを評価の視座とせず、経過やそこにある精神性を評価の対象とすることを子どもたちが体験的に理解できることは、心身両面から大人になる準備となることであろう。

　とかく柔軟性を欠きはじめた大人の私たちは、子どもに何かを提供しようとするとき、ついつい「計画を立てること」が仕事となってしまい、子どもたちの柔軟性や多様な感性、学ぶ力、困難を跳ね返す力などを忘れ、子どもたちに対して大人自身が理解可能、コントロール可能な範疇で意図した目標：ゴールに到達してもらおうとしてしまう。経済理論によるPDCA（Plan Do Check Act）サイクルがさまざまな場面に多用される昨今、子どもの成長を大人の計画の目標に閉じ込めるような愚行は現に忌むべきであろう。

4．さまざまな専門領域のネットワークの構築が求められる子ども支援

　こうした大人社会の抑圧や、事実やメカニズムを明らかにすることに傾倒しすぎた科学や医学が私たちの心身のさまざまな症状に、一見詳細な診断を下していく。しかし、その診断はそれを受けとめる人を置き去りに、ただ断定されるだけのことも少なくない。必要なのは、その後、診断をされた病気や症状とともに生きる人をいかに支えていくかということを、社会全体で考え協働・共

生していくことであろう。

　近年は医学の発展により、より詳細な診断が下され、子どもたちの育ちにくさが、"○○症"などと表現される。あるいは、インフォーマルな子育ての支援がない中で、強い不安にさいなまれながら子育てをしている親の不安は、その子どもの精神状態までをも不安にしていく。こうした状況は、単に"親だからしっかりする"というような従来の精神論では乗り越えられるものではない。ときに単純な子育て困難や不安が積み重なって、その結果として過重な負担となって存在する場合もある。このような場面においては、心理学の専門家によるセラピーが、親の不安を癒すとともに、子どもたちに安心と発達の端緒をもたらすことができよう。

　子どもたちは本来、生きるためにさまざまなものを感じ、吸収するために感性が柔軟かつ敏感であったり、成長過程ゆえに、言葉にできない混乱や不安を抱えやすいという育ちの特性をもっている。大人でさえストレスの重さに生きることを見失いがちな現代社会では、自力でその不安や困難を解決することは難しい。また、子どもたちが成長するゆえに出会うさまざまなハードルに、少なからず挫折感を覚えたときなども、その体験を人生の糧とできるように志向性[*3]に示唆や支援を提供することも必要であろう。もしかすると、私たち大人たちこそ、セラピーなど心の負荷を軽減したり、育ちに強い特性をもつ子どもたちを個別化した支援を志向することの必要性に気づくべきなのかもしれない。

　そして、医学が進歩して重度な病や障がいのある子どもたちが、その命や成長を守られるようになり、学校に登校した際、あるいは在宅、病院や施設で学ぶ際、周囲の配慮や協力が必要となることがある。病や障がいは個別特性が明確であるがゆえに、その教育においても個別対応が求められる。すべての子どもは社会に参加する権利をもち、当然のことながら教育を受ける権利[*4]をもっているが、その"個別性"ゆえに一般的なシステムや教育のメニューでの対応

---

*3　フッサールは、個人の経験知はその個人が過去に体験した事柄に起因する"体験流"の内容によって、志向されかたが異なるとしている[2]。

*4　「児童の権利に関する条約」には、子どもたちの「生きる権利」「守られる権利」「育つ権利」「参加する権利」そして、特に「意見表明権」の尊重が明言されている。

が困難な側面もある。

　そして、この当然の"権利"である教育を受けることについて、子どもたちの個別性が明確で、社会的協力を取りつけなければいけない場合、親や保護者に強い負担感がともなうことがある。社会福祉士養成課程や保育士養成課程のテキストレベルでは、従来の「児童福祉」が「児童（子ども）・家庭福祉」との理解に変化し、子どもの福祉には親や家庭の支援が視野に入れられるようになった。しかし、実際の支援現場では、まだまだ試行錯誤が続いている。マンパワーの配置から、専門性の構築や専門職のネットワークなど、子どもとその家族・家庭への支援が十分機能するためには、専門職こそ、連携の必要性の理解と協働が求められている段階ともいえよう。

　病も障がいも私たち人間が生物であるゆえに、当然、私たちすべての人生に起生する可能性がある。「他人事」ではない。ゆえに私たちは、病や障がいのある仲間を支える仕組みをさまざまに社会に構築してきた。そして最近では、医学の進歩によって病や障がいが、早期に発見されるようになり、子どもたちの育ちの早い段階から教育や療育の関与が可能となっている。そして、そこでは従来のような縦割りを超えて、医療・看護・保健・心理・福祉・保育・教育、そしてときに司法など、子どもを巡る領域の連携、実働可能なネットワークの構築が求められているといえよう。

　紙面の都合もあり、本書が言及しえた各領域の現状や支援の示唆は一部にとどまるものと思われるが、子どもたちの育ちの支援が多様性を求められている現在、子どもに関わる人々の一助となることが望まれる。

5．結びにかえて

　本書において、繰り返し言及されることであるが、わが国において戦後制定・誓約された児童福祉法や児童憲章が示す、すべての子どもの幸福への大人社会の責任の明示、すべての子どもたちが社会から愛護される権利の明示は、世界的にみても先駆的な体系の構築であった。そして、1994（平成6）年に児童の

権利に関する条約に批准したことで、わが国は子どもの受動的権利主張に加えて、子どもの能動的権利主張をも視野に入れた、子どもの自己実現の保障を社会全体で多様に取り組むことが求められるようになった。

　子どもたちは、大人に対して主体的であるだけでなく、子ども同士の関係性においても相互に主体的であることができる。むしろ、全身をアンテナにしたかのように周囲の気配に反応する力は大人よりも優れ、互いの望むことを全身で言語・非言語で双方向のコミュニケーションを交わしながら、互いの主体性を尊重している。ときに大人目線でそれをみると、会話がかみ合わなかったり、行為がそれぞれだったりするが、子どもたちはあえて、行動や言語を一致させずに、相互の主体性のバランスをとることができているのである。

　ときにその配慮は、大人にも向けられる。大人が真剣に何かに取り組んだり、危機的な状況に必死に対応しているときなど、子どもは何も語らず、身動きもせずじっと大人をみつめ、静かにその傍らに寄り添っている。子どもは、あらゆる機会に身近な大人をモデルに、さまざまなことを身につけていく。むろんそれは、望ましいことばかりでなく、児童虐待のように、ネガティブなスキルや文化が伝承されることも否めない。

　そして、子どもたちの相互作用の相手は人間だけでなく、動物はもちろんあらゆる自然環境ともコラボレーションして、相互作用の中で活き活きと"子どもらしい"主体的な世界を想像・創造しはじめる。太陽の光や酸素を多く含む空気、木々や土の香りや、葉を揺らす風の音、子どもたちの五感や創造性を自然の刺激が掻き立てていく。子どもたちを取り巻く環境を自然に置き換えたときも、そこに多様な子どもたち主体の相互作用が機能し、子どもたちは"子どもらしい"力を発揮して、そこに無限の遊び世界を創造していくことができる。むしろ、私たち大人はいつの間にこの"力"を失ってしまったのだろうかとさえ思う。

　現代社会は子どもたちにとって必ずしも理想的な社会とはいえず、既述したように専門職でさえ不適切な関わりに陥る要素を内包している。その課題を乗り越え、子どもたちのウェルビーイングを実現するためには、着実に現状の課題を克服し、子どもたち一人ひとりのニーズに細やかに対応できる、成熟かつ

洗練された社会となることが求められる。それはときに、過去に回帰し古き良き伝統を回復することであり、ときに過去の価値観の偏りを乗り越えて、新たな社会の実現を展望することであろう。

　ここで今一度、子どもたちのウェルビーイングをどのように捉え、支援を構築していけばよいのか、考えておきたい。子どもたちがその子らしく健やかに成長するために、周囲の大人は、子どもたちの心身の成長、特に内面的な成長に十分な配慮をしていくことが必要である。子どもたちの成長や発達が、集団を形成して自然と共生して生きていく人間らしい生き方において、その子らしい自己実現をするためには、以下のような点への大人の留意が必要であろう。

　まず、個人と集団において、その子らしさを尊重し、その子らしい個性や特性を肯定的に評価すること。そして、自らを大切にするように周囲を大切にすることで、彼／彼女らの環境である、家族や地域社会、学校や職場など周囲の人間集団と互いの尊厳を尊重した相互性を構築できる力やスキルをもはぐくむこと。自らの周囲を取り巻くさまざまな事象を科学性と情緒性、両側面から探求することができるようはぐくまれること。さらには、可能な限り心身の健康の維持と成長が図られることなどである。

　また、思想信条について自らの依って立つところを明確にしたり、政治に意見表明したり、参与することについて、権利や参与する方法を知ることも十分配慮されるべきである。しかし、この点についてはわが国の従来の児童福祉はやや軽視する傾向があり、子どもたち一人ひとりが、どのような信仰、あるいは信条の根拠となる哲学や理念を尊重するのかを考えるための示唆や教育の機会が提供されることは少ない。逆に、民間の保育所や幼稚園、あるいはその後の学校生活において、運営する法人が宗教法人と関連している場合は、子どもたち本人の意思によらず、その母体となる宗教法人の宗教行事に参加することがある。

　ただ、それは年のはじめに神社で初詣でし、盆踊りを楽しみ、ハロウィンが季節の行事になり、クリスマスは全国津々浦々、キリスト教の神の子の誕生日を祝う日本では、ある意味一般市民らしい信仰観かもしれない。しかし、本来は自らの精神的拠り所を選択的に獲得していくこと、相容れない信条には否を

いうことを認められるなどといったことを、成長の過程で自らの思想・信条を尊重される体験をすることも必要な養育環境といえる。

　かつて、「20世紀を子どもの世紀に」と提唱したのは、スウェーデンの教育者であるエレン・ケイである。果たして21世紀は子どもたちにとってどのような世紀になるのであろうか。少なくとも、すでにその歩みをはじめている過程においても、世界のそこここに戦争や飢餓があり、子どもたちの犠牲が伝えられる。そしてわが国においては、東日本大震災の津波により原子力発電所が被災したことによって、今後数十年にわたって、放射能被害に向き合わなければならない状況が生じ、それは子どもたちの安全・安心を大きく脅かすのみならず、未来の子どもたちに水や空気など自然環境の安全・安心を伝承できない事態を招いてしまった。それどころか、事態の解決に要する長期の時間は、厄災の解決を何の責任もない彼／彼女らに委ねることさえ意味している。そして、その責務はかつての世代が誰も体験してこなかった困難であり、"いつまで"と期限を定めることもできない使命ともいえる。

　われわれ、先に生きる世代は、安全な水や空気はいつでも享受できるものだと思っていた。高度経済成長の負の遺産として公害を体験し、科学に依存した経済効率優先の社会の危うさを経験したはずの世代であるにもかかわらず、いつしか、原子力の安全神話に現実を直視することを疎かにしてしまっていた。多分、多くの世代が修学旅行などで、広島、長崎の原爆被害を学びながらも、現実社会を冷静に評価する視点を見失っていたといえよう。深い反省とともに、こうした先の世代の瑕疵を思うとき、これからの世代の「ウェルビーイング」をどのように考え、子どもたちとともに何をめざしていけばよいのか、今の大人たちも熟考が求められよう。

　本来、子どもたちはウェルビーイングを希望に包まれた未来志向として胸に抱く。むろん誰も、その夢、特に幼いころ抱いた夢は成長とともに、簡単にはかなわないこと、ときに諦めなければいけないことを学び、受けとめていき、その夢がそのまま実現する人はごくわずかであろう。しかし、これからの子どもたちが直面するであろう現実はかつてなく、厳しくその夢も現実味を帯びたものに限定されざるをえない。

しかし、それだからこそ、子どもの傍らにある専門職は、子どもの年齢や発達に応じて、子どもたちが本来いるべき環境や甘受すべき養育環境について、安全・安心な育ちを保障していくことが求められる。それが、子どもたち一人ひとりのストレングスを強化し、子どもたちは、彼／彼女自身の夢や希望をエネルギーにして、成長とともに現実味を帯びる未来に、自分らしい自己実現を見つめる力となっていくことであろう。

　かけがえのない存在である一人ひとりの子どもたちの未来が、彼／彼女らにとって希望ある未来となるよう、今私たち専門職、そして大人たちは、その使命を自覚しつつ、子どもたちに寄り添い、その環境を整える責務を果たすことが求められているといえよう。

【引用文献】
1）渡辺洋三『日本国憲法の精神』新日本出版社　2007年
2）貫成人『経験の構造―フッサール現象学の新しい全体像』勁草書房　2003年　pp.129-139

【参考文献】
・一瀬早百合『障害のある乳幼児と母親たち―その変容プロセス―』生活書院　2012年
・柏女霊峰『子ども家庭福祉・保育の幕開け』誠信書房　2011年
・大塚類『施設で暮らす子どもたちの成長』東京大学出版会　2009年
・山野則子『子ども虐待を防ぐ市町村ネットワークとソーシャルワーク』明石書房　2009年

子ども支援の現在(いま)を学ぶ
子どもの暮らし・育ち・健康を見つめて

2013年3月25日 初版発行
2018年5月20日 初版第3刷発行

編　集	仲本　美央
	山下　幸子
	稲垣美加子

発 行 者　　竹鼻　均之

発 行 所　　株式会社みらい
　　　　　　〒500-8137　岐阜市東興町40番地　第5澤田ビル
　　　　　　TEL 058（247）1227代
　　　　　　FAX 058（247）1218
　　　　　　http://www.mirai-inc.jp/

印刷・製本　　西濃印刷株式会社

ISBN978-4-86015-296-3 C3037
Printed in Japan　　　　　　　　乱丁本・落丁本はお取り替え致します。